山西警察学院学术带头人科研资助项目
山西省社会科学界联合会 2020 至 2021 年度重点课题
（SSKLZDKT2020141）研究成果

警察执法语言研究

刘永红　著

群众出版社
·北　京·

图书在版编目（CIP）数据

警察执法语言研究／刘永红著 . —北京：群众出版社，2021.10
ISBN 978-7-5014-6177-6

Ⅰ.①警… Ⅱ.①刘… Ⅲ.①警察—行政执法—法律语言学—中国
Ⅳ.①D922.144

中国版本图书馆 CIP 数据核字（2021）第 201077 号

警察执法语言研究

刘永红　著

出版发行：群众出版社
地　　址：北京市丰台区方庄芳星园三区 15 号楼
邮政编码：100078
经　　销：新华书店
印　　刷：北京市泰锐印刷有限责任公司

版　　次：2021 年 10 月第 1 版
印　　次：2024 年 7 月第 4 次
印　　张：14.75
开　　本：787 毫米×1092 毫米　1/16
字　　数：220 千字

书　　号：ISBN 978-7-5014-6177-6
定　　价：50.00 元

网　　址：www.qzcbs.com
电子邮箱：qzcbs@sohu.com

营销中心电话：010-83903991
读者服务部电话（门市）：010-83903257
警官读者俱乐部电话（网购、邮购）：010-83901775
教材分社电话：010-83903259

前　言

　　语言无处不在，无时不在。警务工作的对象主要是人，语言由此成为警察执法活动的重要载体，并且因法律的加持与背书而具有了不同于一般语言的"言外之力"——法律效力和法律意义。习近平总书记在人民警察警旗授旗仪式上的训词中强调，公安机关要规范权力运行，把严格规范公正文明执法落到实处。因此，警察执法中的一言一语都"兹事体大"，展现的是警察个体的能力，某一警种的素质，乃至警察整体的形象；关涉的是人民群众在案件办理、事情处理中对公平正义的感受和体验。

　　随着经济社会的快速发展，网络媒体的日益发达，公众权利意识的不断提升，民众不再是警察等公权力行使人的追随者和服从者，反而成为监督者和质疑者，这种监督和质疑最直接的表现就是对警察执法的全网聚焦，对警察执法中言语表达的"咬文嚼字"。而警察尚未适应执法形势变化，语言表达能力尚无法满足执法工作需要，执法言语不当使警察权威一再受损，甚至直接影响到社会秩序的管理效果。我国"情指勤舆"一体化实战警务机制的推进，要求警察执法接警更高效、调警更顺畅、出警更精细、处警更规范，执法语言的地位与作用越发凸显，警察执法语言的系统研究更显必要且紧迫。

　　警察执法语言属于法律语言学研究范畴。法律语言学作为一门独立的学科发端于20世纪60年代的欧美，80年代在我国兴起。进入21世纪后，法律语言学在立法、司法与执法领域的应用研究快速发展，其中立法语言的研究最为深入，成果最为丰硕；司法语言特别是庭审语言、裁判文书等方面的研究取得了一批有价值的成果。相较之下，执法语言的研究显得冷清而滞后。警察执法语言是执法语言的重要组成部分,现有的研究成果屈指可数,并且主要是从警察言语交际、警察言语修辞角度进行论述,未有对警察执法语言的系统探讨,更未见对警察执法语言本体特质的阐述。

本书以警察在执勤执法以及警务管理服务过程中使用的语言为研究对象,全书共分六章。第一章、第二章为理论篇,从一般意义上对警察执法语言本体进行语言学、传播学分析,廓清警察执法语言的内涵、分类、特征、构成因素等基本面貌,尝试对警察执法语言进行理论架构。第三章、第四章、第五章为实践篇,立足我国警察执法实践,对警务工作中比较突出的语言规范、话语权威、语言能力培育等问题进行全方位剖析,勾勒出警察执法语言在警务实践中的现实要求、存在问题以及解决路径,以期对我国警察执法语言建设提供参考。第六章为补充篇,补充探讨立法语言的规范问题,在立法语言失范是世界性问题的现实情况下,在我国立法语言不够完善的语境下,启迪警察自觉提高法律素养,强化法律思维,执法中正确理解法律精神,避免执法偏差,实现最佳执法效果。

任何学术研究,既有探索的艰辛,也有发现的喜悦。"苔花如米小,也学牡丹开",笔者在享受思索的苦痛与欢喜之际,也深知自身理论水平有限,研究能力不足。不追求宏大叙事,不奢望体系完备,只将自己的多年思考系统梳理,将自己的研学浅见惴惴呈现,或有一二可取之处,将倍感欣慰;定有诸多不当之处,敬请方家不吝赐教。

2021 年 7 月

目录

第一章

警察执法语言特质

　　语言无处不在，它既简单又复杂，既平淡无奇又魅力无限。"运用语言可以产生无数不同的话语，可以产生从来没有人说过的全新的句子，能够表达无尽的思想，其精确程度是任何其他交际手段都无法比拟的。"① 警察执法活动中须臾离不开语言，但我们往往忽略了它的存在。

① 　[法] 比杰利雅克，[法] 布雷顿. 从言语到语言. 于秀英译. 上海书店出版社，2004：12.

第一节
法律语言与警察执法

一、 法律与语言

语言是人类社会相互沟通的工具，法律是人类社会相互约束的工具，两者从不同的方面服务于社会。法律与语言的关系很早就被法学家认识到，早在 18 世纪，英国哲学家大卫·休谟就说过，法与法律制度是一种纯粹的"语言形式"。1963 年，美国法学教授大卫·梅林科夫在《法律的语言》（The Language of the Law）一书中提出了"法律是一种语词的职业"的观点。美国法学家 Peter M. Tiersma 在其著作《法律语言》（Legal Language）中指出，"世界上没有多少职业像法律那样离不开语言"。这些论断都指明了法律与语言的密切关系。法律是用语言来表述的，因而法律存在于语言之中，隐藏在语言之后，甚至可以说法律就是语言本身。"不仅如此，法律得以存活的诉讼过程，就是一种语言的复杂游戏。"①

从语言运用的角度来看，法律是一种社会规范的表达，语言将这种社会规范转换成可以为人们理解的文本方式展示出来，那些用来构成法律的概念只有通过语言才能被人们理解，② 由此催生了"法律语言"（Legal Language）一词，促成了法律语言学（Legal Linguistics）在 20 世纪 80 年

---

① 陈兴良. 法律在别处. ［2017-01-31］. 中国社会科学网.
② ［美］约翰·吉本斯. 法律语言学导论. 程朝阳，毛凤凡，秦明译. 法律出版社，2007：2.

代初的诞生，并逐渐成为一门法学与语言学的交叉学科。

（一）法律语言

关于法律语言，有学者做了很形象的阐述："法律语言既不是法律和语言的简单叠加——叠加不会改变各自的性质，也不是两者水乳交融的结果——乳溶于水并未生成新的物质，而是法律和语言结合后生成的新'东西'，正如氢原子和氧原子结合生成水分子，产生了新的物质——水。反之亦然，法律语言既不是语言也不是法律，而是两者的产物，正如水既不是氢原子也不是氧原子，却是由两者生成的物质。所以，法律语言是法律和语言两种元素结合后产生的表达法律意义的符号系统。与氢氧元素结合不同的是，法律和语言两种元素的结合中，法律元素是本质，语言元素是形式。"[①] 一言以蔽之，法律语言是法律与语言结合的产物，法律和语言是内容和形式的关系，语言是法律的载体。

语言不仅仅是法律的载体，还是法律权力。[②] 抽象的权力既由法律实践的语言细节所决定，也决定着法律实践的语言细节。徒法不足以自行，再好的法律也要人去执行，从纸质的法律文本到法律的实施，法律人的法治思维，始终以法律为依据，从法律文本开始，以法律语言为载体，运用法律的方法在法律运行实施的全过程中，法律人的法治思维又流向法律文本。所以，法律语言既是法律人办案的工具，更是法律人法治思维和法律权力的存在和体现。[③] "有了法律语言，就能够准确、简约地传递信息，在法律业共同体内的同行之间使用相同的术语进行交流，不会产生大众语言所带来的烦琐与不一致；所有的社会问题，不论它们来自民间还是官方，不论具体还是抽象，不论是春秋大义还是鸡毛蒜皮，一概可以运用法言法语转化为法律问题进行分析、判断。"[④] 由此，法律语言被认为是一种受法

---

① 宋北平. 法律语言. 中国政法大学出版社，2012：1.
② ［美］约翰·M. 康利，［美］威廉·M. 欧巴尔. 法律、语言与权力. 程朝阳译. 法律出版社，2007：18.
③ 杨凤仙. 法律·语言·法律人——法律语言高端论坛综述. 中国政法大学学报，2014（1）：154.
④ 张文显. 法理学（第五版）. 高等教育出版社，北京大学出版社，2018：283.

律工作影响和制约的特殊语言，不能离开法律活动，不能没有法律意义。

（二）法律语言的分类

从法律学标准对法律语言进行分类，目前学界主要有三种分法。

1. 二分法

二分法将法律语言分为立法语言和司法语言两大类。认为立法语言是表述各种法律规范的立法用语；司法语言是为诉讼活动、非诉讼的法律事务服务的司法用语。[①]

2. 三分法

三分法认为广义的法律语言包括立法语言、执法与司法语言、法律理论语言三大类，包含法律、法学、法实践所使用的语言。之所以将执法语言与司法语言归为一个大类，是基于"它们都是法实践的语言形态，都是依法定程序构成的语言过程。同时，不厌其烦地将两个词同样强调出来，而不是统称为'司法'，是基于它们的差别性。作为两个独立的法学概念，执法与司法本来就在行为逻辑和内容所指上有所不同，这是十分明确的事实。因而，认识其语言构成就不能将二者交叠在一起，笼统论之"。[②]

3. 五分法

有学者依据法律语言在不同法律活动中的功能，将法律语言分为以下五类：

（1）立法语言。立法语言是制定法的言语总和，可以进一步细分为中央立法语言、地方立法语言。在我国，也还可以进一步分为人大立法语言、政府立法语言等。

（2）司法语言。司法语言是司法活动言语的总和，它可以进一步细分为审判语言、控辩语言。在我国，则可以分为审判语言、检察语言。司法语言与司法行为的关系非常密切，既是司法行为的基本表现形式，又是司法行为的主要组成部分。

---

① 王洁. 法律语言学教程. 法律出版社，1997：2.
② 刘红婴. 法律语言学（第二版）. 北京大学出版社，2007：22，193.

（3）侦查语言。侦查语言是公安、国家安全、海关缉私机关以及检察机关等侦查部门在侦查活动中的言语总和。可以进一步细分为讯问语言、证据言词、司法鉴定语言。

（4）执法语言。执法语言是行政执法机关执法活动的言语总和。执法语言也可以根据执法主体进一步细分为不同的种类。

（5）用法语言。用法语言是公民应用法律的言语总和。公民应用法律可以分为显性和隐性两种。显性应用是直接应用法律规定，隐性应用是并不将法律规定表现在言语中。①

对法律语言进行分类，可以让我们更深入、更细致地观察、分析、研究法律语言。之所以有不同的分类结果，是依据的分类标准不同，但依据同一标准分出来的种类一定有其自己的特征，否则就不能成为一类。在三分法和五分法中，执法语言具有了"类"的独立地位。警察执法语言是执法语言的重要组成部分，因而有其自身独特性，这为我们从理论与实践两方面研究警察执法语言奠定了基础。

二、 警察执法与语言

警察的每一项警务工作必然伴有一定的言语活动，语言沟通贯穿于整个警务工作全过程，无论是日常接处警、处置群体性事件、调解矛盾纠纷，还是侦办各类案件以及窗口服务接待等警务活动，都需要借助语言这一表达工具，语言是警察执法活动的基石。

（一）警察借助语言建立法律思维

人类的思维分为形象思维和抽象思维两种，抽象思维离不开语言，它是在词语和词语所表达的概念的基础上进行分析、综合、判断、推理的一种思维。这种思维在感性思维的基础上概括地、间接地反映客观事物，反映事物之间的内在联系和规律性。人们在进行抽象思维时，总是利用自己

---

① 宋北平．法律语言．中国政法大学出版社，2012：66.

所掌握的语言和跟语言相联系的逻辑来进行思维，因此抽象思维中词语是不可缺少的，只有词语才能使事物在认识过程中脱离感觉、知觉、表象，上升为抽象的理性概念。概念反映了客观事物的本质特征，有了概念才能反映客观事物的内在联系与规律性。抽象的概念是抽象思维的出发点，一个完整的抽象思维的过程，实际上是人脑内部的概念联结起来组成判断再进行推理、分析、综合的过程。①

法律思维模式属于抽象思维范畴，其本质是运用法律语言进行的思维，它以法律知识为思维基础，以法律概念为思维单元，以权利义务为思维内容，以法律规则为思维依据。② 警察职责要求警察必须建立法律思维，成为法律人，就是建立"按照法律的逻辑（包括法律的规范、原则和精神）来观察、分析和解决社会问题的思维方式"③。"每一项职业都有其内在的准则"④，警察作为执法者，其职业的"内在准则"要求其必须运用法律规范、法律原则、法律精神和法律逻辑对所遇到或所要处理的警务问题进行分析、综合、判断、推理。警察只有以法律概念为起点和出发点，运用法律术语进行观察、思考和判断，才能形成以维护法治为目的、以法律语言为工具的专业思维方式。

（二）警察执法过程离不开语言

首先，警务活动中，警察的大部分履行职责行为需要借助口头"言说"来完成，警察需要"言说"的情形主要有：（1）宣告。警察对违法、违章当事人通过言语宣布处理决定及相关事项。（2）回答。遇到工作对象或其他有关人士的质询时，通过言语对与警务活动有关的询问作出解答。（3）解释。通过言语使工作对象了解警察如何判断事实、怎样理解法律和作出什么决定。（4）说服。当当事人对警察的执法活动有异议时，警察运用言语解释自己的执法行为，使违法者知晓何以违法和受罚，从而自觉接

① 范晓. 关于语言与思维的关系及其相关问题. 语言科学，2003（6）：77.
② 宋北平. 法律语言. 中国政法大学出版社，2012：43.
③ 郑成良. 法治理念与法律思维. 吉林大学社会科学学报，2000（4）：3.
④ ［德］马克斯·韦伯. 社会科学方法论. 杨高斌译. 华夏出版社，1999：104.

受法治规范的制约。（5）调解。警察在职权范围内，依照国家的法律政策，通过言语对引发矛盾纠纷的当事人进行教育、疏导、规劝，使双方消除纠纷、化解矛盾。（6）告知。警察依据相关法律规定，通过言语向犯罪嫌疑人、违法嫌疑人或其他当事人表明身份，告知权利义务。（7）获取案件信息。警察在询问、讯问中通过言语获取与案件有关的信息。在这些警务活动过程中，警察的言语表达只有合法、合境、合情，才能顺利推进和完成警务工作，也才可能实现法律效果和社会效果的统一。

其次，法律文书是开展警务活动的重要载体和手段。警察在受理案件、调查取证、依法处理或移送起诉，以及开展户籍管理、交通管理等工作时，必须诉诸文字，形成各种法律文书，也就是说每一个工作步骤都伴随法律文书的制作和使用，警察执法活动的一切过程和结果，最终都要由法律文书予以记载，通过法律文书予以反映。以语言为载体的文本也是警务工作的重要内容，撰写法律文书的过程就是警察实施管理、执法办案的过程，法律文书撰写完成了，这项工作也就完成了大半甚至全部。离开文字表达，警察的执法工作便无法完成。

（三）语言运用好坏影响警察执法效果

警务工作中少不了警民关系的构建，有何种警民关系就决定了有何种工作结果。而警民关系构建的主要连接桥梁是语言，警察规范恰当的语言表达能够促进警民的交流沟通，拉近警民之间的心理距离，赢得民众的理解支持。现场处置警情时，语言规范恰当，就可以在不使用更高武力手段的情况下，促使当事人服从警察意志，达到有效处置警情的目的。如果警察执法语言不恰当、不规范，很可能造成执法对象误解，引起不必要的麻烦，甚至在现场处置中激化矛盾、引火烧身，导致警民隔阂，关系恶化，最终影响警察执法形象。

法律文书如实记载执法活动情况，不仅是执法的重要组成元素，还是执法行为的表现形式，更是践行法治的体现方式。高质量的法律文书，可以防止执法警察滥用或者误用执法权，展现警察执法水平和执法效率，树立警察权威形象，让民众在每一份法律文书中感受到公平正义。

三、 语言、 言语、 话语

在语言学领域，语言、言语、话语是三个重要概念，论述警察执法语言同样会使用这三个概念，因此有必要先行加以区别。

（一）语言

语言是人类特有的一种音意结合的符号系统，语音是它的物质外壳，词汇是它的意义内容材料，语法是它的组织规则。语音、词汇、语法三个要素一方面各自独立成系统，另一方面又互相联系、互相制约。语音是词汇和语法的声音，没有语音，也就没有词汇和语法；词汇是语言的建筑材料，它要受到语法规则的支配才能成为语言。这三要素是密不可分的一个整体，共同组成了语言这个完整的符号系统。语言具有社会性、全民性，它不是某个天才人物创造的，而是全社会成员共同创造的。一个人一生下来，就生活在有着全民语言的社会里，他学习的就是现成的全民的语言。

（二）言语

20 世纪初，瑞士语言学家索绪尔提出要区分语言和言语两个概念，他认为人的言语行为分为语言和言语两部分，语言是音义结合的词汇和语法体系，而言语是对语言的使用，是在特定的环境中为完成特定的交际任务而存在的个人的现象或活动。索绪尔之后，如何区分语言和言语一直是当代语言学最重要的研究课题。语言学家认为，"在人类社会生活中，存在一种最常见、最普通但也是最重要的行为活动，这就是说话。我们把这种重要的人类活动称作言语活动，或称言语行为，用一个科学的术语来概括，便是言语"。① 语言和言语既相互联系又相互制约。语言存在于言语之中，"任何一种语言的语音系统、词汇系统、语法系统，都是从使用这种

---

① 范晓．语言、言语和话语．汉语学习，1994（2）：2．

语言的全体社会成员的言语交际中抽象、概括出来的"①，没有言语，就无所谓语言。言语是对特定语言的运用，言语交际过程中，言语行为的产生必然要从语言体系中选择词汇和语法手段来组成话语，所以语言体系是言语交际的基础。同时，言语交际中不断吸收使用社会发展中产生的新词语，这些新词语不断补充到语言体系中，使语言体系不断丰富和发展。

（三）话语

话语是人类运用语言表达思想进行交际与思维的产物。现代英文中的dicsoures 这个词，在各种西方文字的词典里都作"说话""讲演""论述"解，在中国大陆，discousre 通常被译为"话语"，在中国港台和其他地方的华语刊物上，则译成"述说""叙述""说法"等，指的都是同一个东西。② 言语既然是一种行为活动，就会有一定的成果或产物，这种成果就是人们说出来的"话"或写出来的"文章"，语言学中被称为"话语"。话语由两个互相依存的部分组成：一部分是话语内容，也就是言语者表达的思想内容；另一部分是话语形式，也就是言语者借以表达思想的形式，这种形式就是语言，这是一种现实的、具体的语言。所以个别的、具体的话语形式是研究语言的原料或素材。人们常说"语言表现思想""语言是思想的直接现实""思想的真实性表现在语言之中"等，这在话语中得到了充分体现。可以说，话语是语言和思想的结合体，是言语活动的成果。"运用语言可以产生无数不同的话语，可以产生从来没有人说过的全新的句子，能够表达无尽的思想，其精确程度是任何其他交际手段都无法比拟的。"③ 一个具体的言语活动转瞬即逝，而一个具体的话语可以在较长时间内贮存起来。④

言语、语言和话语三者各有特点，又有所区别，因此它们是三个不同的概念；但三者又是互相紧密联系在一起的。言语必须有语言，语言要通

---

① 王洁．法律语言学教程．法律出版社，1997：11.
② 张宽．话语．读书，1995（5）：132.
③ ［法］比杰利雅克，［法］布雷顿．从言语到语言．于秀英译．上海书店出版社，2004：12.
④ 谭斌．试论"话语"一词的含义．兰州大学学报（社会科学版），2002（1）：72.

过言语才能发挥其表达和交际的功能；言语的结果必然会出现话语，话语把言语的成果巩固下来、显现出来。从发生学角度来看，言语、语言、话语三者同时产生，原始人第一句话（话语）的出现，标志着言语和语言的诞生，虽然那时的语言十分简单而贫乏。从现代社会人们的言语来看，言语活动的过程是：人们一边在脑子里进行思维活动，在思维活动过程中，语言和具体的思想不断地结合；一边进行言语活动，使思维活动的情况以口头或书面方式表现于外，从而产生出语言和思想的结合体——话语。①

　　本书的研究对象既包括警察执法语言自身结构规律，也包括警察执法言语交际行为，还包括警察执法言语活动的成果——警察执法话语。

第二节
警察执法语言的界定

一、　警察执法语言的内涵

　　在法律系统内，执法是法律运行的重要环节，执法人员承担专业的法律实施活动。警察的职能范围广泛，执法对象复杂多样，这里的"警察执法语言"，是指警察在执勤执法以及警务管理服务过程中使用的语言。它既包括警察行政执法和刑事执法过程中使用的语言，也包括履行行政管理与服务社会职能时使用的语言；既包括警务活动中使用的口头语言，也包括制作法律文书使用的书面语言。

---

① 范晓. 语言、言语和话语. 汉语学习，1994（2）：3.

二、 语言变体理论视角下的警察执法语言

语言变体理论是对警察执法语言进行界定的理论基础。社会语言学认为，一个人或一个社会群体除共同使用本民族的语言符号系统外，在语言运用过程中还会受到各种社会因素的影响，从而在言语交际中形成各自的语言风格特征，这种具有风格特征的言语就是"语言变体"。

不同的社会群体使用不同的语言变体。语言学家高名凯先生将语言变体归纳为三大类：语言的"地方变体"、语言的"社团变体"和语言的"言语变体"①。语言的地方变体是指在历史沿革和地域分化中形成的民族语言的地方变体，就是"方言"或称"地域方言"，它有自己独立的语音、词汇和语法体系；语言的"社团变体"是社会单位受各种社会因素的影响分化为各种社团而形成的语言变体，也称"社团方言"或"社会方言"，它没有自己独立的语言符号系统，而是创新本社团专用的词汇，或把民族共同语的词汇加以改变；语言的"言语变体"即"言语方言"，是在具体运用某种语言时形成的、因创造和使用了固定的言语表达手段而形成的言语变异。②

（一） 警察执法语言是一种社会方言

警察执法语言是以民族共同语为基础，在警务活动过程中使用的、具有明显行业特色的民族语言的社团分支。它不具有特殊的语言材料或独立的语法体系，也没有独立的词汇系统，它使用的是民族共同语的基本词汇和语法规则。不同的仅仅是在民族共同语的词汇系统及语法规则的基础上有所创新、有所改变，选用了一套独特的表达手段系统，形成了专业化的词语体系。

警察执法语言中的专业化词汇，主要有两种来源。一种是以民族共同

---

① 高名凯. 语言论. 商务印书馆, 1995: 20.
② 孙懿华, 周广然. 法律语言学. 中国政法大学出版社, 1997: 15.

语中原有的词或词素为基本语言单位，经过创新或改造而组成新的专业术语，如将"技术"与"侦查"两个普通词组成"技术侦查"，并赋予其"由设区的市一级以上公安机关负责技术侦查的部门实施的记录监控、行踪监控、通信监控、场所监控等措施"① 这样特定的内涵。另一种是改变原有词汇的意义而赋予其专业化的法律内涵，如日常生活中使用的"故意"一词，刑法中赋予了它特定的含义，表示"行为人对危害结果所持的希望或者放任的心理态度"。

（二）警察执法语言会发生言语变体

言语变体是由于经常而固定地选用某种语言成分和表达手段，形成了语言表达手段系统，从而呈现出一定的语言风格特点。警察执法语言与文学作品的语言不同，不能运用小说、诗歌、散文的艺术辞藻，也不能运用拟人、夸张等修辞手法；与学术语言不同，不能采用讨论的、探索的、商榷的、争论的语气；与报告、通知、通报等公文中使用的语言也有区别。执法程序中每一段过程都要落实在书面上，而书面的形式都要有一个基本的格式；各地对不同执法环节的口语表述也有基本的程式要求，这就意味着行文的规定性、用语的严肃性和庄重性，天马行空的言说方式是绝对禁止的。

同时，警察在长期的执法语言运用中，由于工作性质、工作程序、工作目的、工作对象以及工作场合的不同，选用的语言成分不同，使用的语言技术手段不同，而显示出不同的言语特征。例如，刑警、治安警、交警等不同警种会呈现出不同的言语特征，可以划分出不同的言语变体；警察在运用执法语言过程中所显示的语体不同，警察执法语言会发生口语变体和书面语变体；警务工作对警察语言运用的要求不同，警察执法语言会发生程式化言语和非程式化言语的变体。这种错综复杂的言语变体现象，并非杂乱无章，而是有迹可循地体现在警察执法语言变异之中，需要我们联合各种影响因素去深入探究。

---

① 《公安机关办理刑事案件程序规定》第二百六十四条。

三、 警察执法语言的分类

对警察执法语言进行多角度研究，需要对其进行分类。

（一）依据警察执法语言的语体来划分

依据警察执法语言的语体来划分，可以分为执法口头语言和法律文书语言。所谓语体就是语言功能变体的简称，它从属于社会方言的概念，是指社会方言因说话、写文章的内容、对象、场合、目的等方面的不同而进一步分化形成的语言变化的表现形式。[①] 从语体角度对警察执法语言进行分类，有利于对不同形式的警察执法语言进行更深入、更精细的分析研究。

1. 执法口头语言

执法口头语言是警察在履行职责过程中，以声音为媒介与特定对象交流信息、沟通思想，以达到某种目的时所使用的语言。执法口头语言是动态语言，在面对面的执法交际中，内容信息是通过一定的语调、音质、语速传递出来的，同时还伴随表情、手势、动作等。

依据警察执法语言内容的不同，又可以将警察执法口头语言大致划分为五类：

（1）命令类语言。警察有处罚、禁止、命令、取缔、管制、警告等职权，警察行使此类职权时，对涉嫌违法犯罪的嫌疑人多使用命令式语言。命令式语言一般使用短句，内容简短有力、义正词严，语气果断坚决，不容置疑，语调高亢有力，具有很强的威慑力。

（2）告知类语言。在警务活动中，特别是在履行行政执法程序过程中，有很多告知性义务，口头告知时，一般用语通俗易懂，内容清晰明确，甚至主动重复，反复说明，以确保对方清楚知晓，达到清晰明确传递信息的效果。语气一般平和有力，不能居高临下、颐指气使，使对方产生

---

① 王洁. 法律语言学教程. 法律出版社，1997：3.

排斥情绪。

（3）劝说类语言。警察承担着治安调解、化解矛盾纠纷等职责，劝说类语言在警务活动中也较为常见。警察面对初次或轻微违法的当事人，坚持教育为主、处罚为辅的原则，运用劝说类语言化解民众之间的矛盾纠纷。一般站在公允立场上，做到不偏不倚，平和持中，从法律角度讲清利害、分析事态，而不是"和稀泥"，做"和事佬"。要求语气平和而耐心，语言公正而专业，以体现警察的法律素养和职业精神。

（4）调查类语言。警务活动中还有案件情况调查、社区走访等以调查了解情况为主的工作。一般采用拉家常的方式自然切入，将专业术语口语化，拉近与居民的情感距离。

（5）服务类语言。警务活动还包括为居民办理各种证照等服务类内容，服务类语言坚持语言的通俗性和礼貌性，不能采用命令性语气或冷漠性语调。要求主动使用"您好""有什么需要帮助的吗"等礼貌用语，交流过程中要求表述清晰，解释耐心，高效快捷。

2. 法律文书语言

法律文书语言是警察在办理刑事案件、行政案件时依法制作法律文书中使用的语言。法律文书语言是静态语言，忽略法律文书语言的警察执法语言研究是不完整的。

依据写作方式的不同，可以将法律文书分为笔录式文书、叙述式文书和表格式文书三种，依此可以将法律文书语言也划分为三类：

（1）笔录式语言。笔录式文书是警察在办理刑事、行政案件过程中，依法形成的记载案件真实情况的各种文字材料。根据笔录记写方式的不同，又可以将讯问笔录、询问笔录这种采取提问和回答方式形成的笔录归为问答式笔录，将勘验检查笔录、搜查笔录、扣押笔录、辨认笔录等这种记录当时案件现场看到、听到和接触到的事实的笔录归为记实式笔录。

问答式笔录是讯问、询问的"情境再现"，内容往往是即兴的，因此语言的口语性极强，具有通俗、简短、灵活的特点。会大量使用口语词汇，而较少使用古语词和正式词语，即使出现，一旦用到口语中就不再是原来意义上的那个词，而是经过了口语化的改造。同时句子结构松散，语序自由灵活，大量使用短句。因为口语表达中不能事先准备好要说的话，答话人在很短的时间内也不可能把要表达的意义用句子的正常语序表达出来，因此会根据意义的主次不同，把主要的意义先说出来，然后再补充次要的意义。句子的主要意义也包括答话人所要强调的意义，负载这种意义的词语一般放在句首。另一种类似情况是把最先浮现在脑子里急于要说的部分先说出来，然后发觉说得不够具体、准确，甚至说漏了什么，接着又作追加，进行解释、补充和说明。

记实式笔录语言客观描述有关案件的事实和结果，没有主观感情色彩，不需要方言的介入，平铺直叙过程，是规范庄重的书面语体①，法律术语和科学术语交替出现，排斥带有主观判断色彩的词汇，看不出任何个人的表达特点，每个句子都是冷静的、客观的说明。记实式笔录中的语义通顺、连贯性好、逻辑性强，句子间的意念关系也是紧密联系，而非孤立无关的。最常用的语篇衔接手段，是以某一定点处所为基准中心来表现空间结构，犹如拉开一张有形的网络，再辅之以诸如前、后、左、右等词语形成的词汇链，将上下文语意紧密相衔，联句成篇，从而细致、清晰地再现现场情况。

（2）表格式语言。表格是文书结构程式化的高级形式，法律文书中有大量表格，填写简单便捷。表格式语言最显著的特点是准确和简洁。所谓准确，就是语言精确，如公安部颁布的《公安机关刑事法律文书式样（2012版）》《公安机关行政法律文书式样（2012版）》《道路交通安全违法行为处理法律文书（式样）》《道路交通事故案卷文书》等对绝大多数表格中相应栏目的填写作了详尽规定，只需按规定准确填写或者对选项进行勾选即可。所谓简洁，就是表格式语言简短而明确，既不会拖泥带水，也不会有理解上的歧义。

（3）叙述式语言。法律文书中还有一些文书无法进行表格化处理，有大篇幅叙述的内容，如《提请批准逮捕书》《起诉意见书》《呈请报告书》《治安调解协议书》等文书，需要叙述案件事实，分析论证证据，明确法

---

① 李振宇. 法律语言学新说. 中国检察出版社，2006：112.

律依据。选词用语方面，要求准确，选择最精当的词语对案件事实、证据以及案件侦办过程进行妥帖稳当、准确无误地表述。句法结构方面，多用并列结构和复杂同位成分以及附加修饰成分，以保证内容周延，表述严密。表达方式的选择上，大多通过叙述结合议论，兼用说明的方式进行。对违法、犯罪的主要事实和主要情节进行叙述，概括叙述不空泛，不笼统，不抽象；具体叙述罪责清楚，详而不繁。采用议论的表达方式以法律为依据，以案情为事实，在论据确凿的基础上提出定性意见；采用说明的表达方式对有关报案人、嫌疑人以及其他有关人员的基本情况予以说明。

（二）依据警察执法语言的运用方式来划分

依据警察执法语言的运用方式来划分，可以分为程式化语言、应变性语言。

1. 程式化语言

程式化语言在法律文书语言中体现为固定结构形式和套语。例如，《公安机关刑事法律文书式样》中规定了《呈请拘留报告书》的主体内容，包括犯罪嫌疑人的基本情况、事实理由和法律依据三部分，在各部分内容之间还有"现呈请对犯罪嫌疑人×××刑事拘留，理由如下""综上所述""妥否，请批示"等套语。在执法口头语言中体现为特定环节的规范用语和模式，如《公安机关执法细则》要求警察到达执法现场要亮明执法身份，实践中常常表述为"我们是×××公安局民警（出示警察证），依法执行公务，请您配合"；执法告知时表述为"你的行为已经违反了×××法（涉嫌×××），现在依法对你……"等。程式化语言的运用是警察执法语言规范化的重要手段，以模式的方式保证了警察执法语言的严谨性、合理性、准确性。同时，也更加符合警察执法中的表达习惯、阅读习惯以及阅读期待，极大地提高了警察执法语言运用的效率，减少了对警察执法语言产生曲解或误解的可能性。

2. 应变性语言

应变性语言在法律文书语言中体现为需要根据不同案情灵活表达的部分，如每个案件的性质、案情不同，叙述案件情况、违法犯罪事实时，就需要运用准确词语叙述清楚本案的法律事实特征。在执法口头语言中体现为根据现场不同情境、执法对象的不同反应灵活使用语言，如警察达到现场后需要根据现场警情的性质、危害程度、影响范围、涉及人数、当事人身份及警情敏感性等综合因素，采取相应的处置措施，选择适宜恰当的话语。应变性语言对语境的依赖性较强，语言表达有着强烈的针对性、灵活性、多变性，要求警察具备较高的语言表达能力和应变能力。

第三节

警察执法语言的用语特点

警察执法语言作为现代汉语的一种社会方言，与其他社会方言相较，在字词句的选择和运用上具有独特性。

一、 用字的广泛性

我国文化部（现为文化和旅游部）和文字改革委员会于 1965 年制定发布了《印刷通用汉字字形表》，确定了 6196 个印刷通用汉字字形；国家语委和国家教委于 1988 年联合公布了《现代汉语常用字表》，收录汉字 3500 个，其中 2500 个常用汉字，1000 个次常用汉字。同年，国家语委和新闻出版署联合发布了《现代汉语通用字表》，收录 7000 个通用汉字。这些数字说明，从事一般职业的人掌握 3500~6000 个的汉字就足以应付日常的工作和学习，但这个数量对一名优秀的中国警察来说远远不够。

警务实践中，警察面对的案件纷繁复杂，面对的人形形色色，社会科学和自然科学各个领域的字词都可能成为现场执法中遇到的字词，都可能出现在制作的法律文书中，因此，警察工作中用字的广泛性远远超出了其他任何一个职业的用字。例如，警察在制作笔录过程中会遇到不同的人和事，涉案人员、地点有可能是生僻姓氏、生僻名字、生僻地名；不同地域的人操有不同的方言，有些方言是有对应汉字的；一些犯罪团伙还会使用黑话、隐语；涉及不同行业领域的案件，会出现生僻的行业术语。这些都让警察执法中的用字远远超出常人的用字范围。

二、 用词的专业性

任何民族语言的词汇系统都由基本词汇和非基本词汇两部分组成。所谓基本词汇是指源远流长的常用词语，这部分词语使用率最高，生命力最强，是全体民族成员共同理解并经常使用的词语。例如，天地、日月、山水、春秋等，是现代汉语词汇系统中的基本词。基本词汇很少变化，具有相对的稳固性，是产生新词的基础，并且为全民常用。非基本词是指词汇系统中基本词以外的词，它们是为适应社会不断发展需要而产生的一些新词，或者是随着社会的不断发展而逐渐淡化了的一些旧词，还包括具有某些专业特点的行业语、科技语词、特定历史时期的某些阶级习惯语及社会习惯语，还包括一些古语词、方言词、外来词及熟语等①，在民族共同语的词语体系中，行业语词是民族共同语中的非基本词。

警察执法语言的词语大体由三部分组成：一是法律专业术语，二是法律工作常用词语，三是民族共同语中的其他基本词与非基本词。法律专业术语是法律语言词语体系的重要词汇成员，这些词汇成员一旦由民族共同语进入法律语言的体系之中，就由民族共同语词汇系统中的非基本词转换成了法律语言词语体系的基本词。如"过失""逮捕""起诉""立案""违约金""正当防卫"等，这些法律专业术语在民族共同语中使用率极低，在词汇系统中属于非基本词；而在法律语言中使用率极高，地位显要，在法律语言的词语体系中属于基本词。正是由于这些词汇成员自身价值和地位的转换，使得法律语言拥有了自己相对独立的词语体系。法律工作常用词语是指在法律条文中没有明确规定的词语，如行凶、案情、案

---

① 孙懿华，周广然．法律语言学．中国政法大学出版社，1997：58.

发、流窜、伙同、纠合、铁证如山、供认不讳、伺机报复、互相勾结等，它们不是法律条文中明文规定的法律概念，因而不具有特定的法定含义，它们的使用范围比法律专业术语要宽泛得多，在警务工作中，这些词语和法律专业术语同样是不可缺少的术语。它们在警察执法语言中具有稳定性和常用性，在警察执法语言的词语体系中也属于基本词汇。在警察执法语言的词语体系中，数量更多的是来自民族共同语的其他基本词与非基本词，如将、其、共同、砍、刺、争吵、挥霍、殴打、趁机、扬言、承认、纠缠等。相比之下，这些词语在法律语言中不像法律专业术语和法律工作常用词语那样可以使警察执法语言充分显示其法律专业特色，但在警务活动中，离开这些词语，执法语言就不可能表达出完整的意思，法律文书也难以成篇。

在警察执法语言的运用过程中，必须按照法律规范的内容与要求使用法律术语，同时也离不开法律工作常用词语和普通词语，它们共同构成了警察执法语言的词语体系，彰显出警察执法语言词汇的鲜明特点。

三、 用句的程式性

在警察执法语言尤其是法律文书表述中，其固定的结构形式和套语的使用，使得警察执法语言在句法结构上呈现出模式化的特点。例如，句式表达上，多以陈述句、祈使句、疑问句为基本形式。具体内容表述中也常用程式化句式，如对违法、犯罪嫌疑人基本情况的省略表述形式，就是在表格文书的影响下逐渐固定下来，成为法律文书中一种特有的句法结构形式。再如，《提请批准逮捕书》中叙述法律依据时，也是依据固定的结构形式来表达："综上所述，犯罪嫌疑人×××……（根据犯罪构成简要说明罪状）其行为已触犯《中华人民共和国刑法》第××条之规定，涉嫌×××罪，可能判处徒刑以上刑罚。现有（证明其犯罪事实的证据、其他证据）等证据证明，其（依据刑事诉讼法第八十一条第一款具体说明其可能具有的社会危险性）或者（……涉嫌×××罪，可能判处十年有期徒刑以上刑罚/可能判处徒刑以上刑罚，曾经故意犯罪或者身份不明）。依照《中华人民共和国刑事诉讼法》第八十一条、第八十七条之规定，犯罪嫌疑人×××符合逮捕条件，特提请批准逮捕。"

在现场执法中，同样有不少针对口头表达的程式化用语。例如，警察现场调查访问时，会以"我们是××单位的民警，现在就案件的有关情况向您了解一下，请您配合"开头；行政口头传唤程式化用语是"你的行为涉嫌殴打他人（阻碍人民警察执行职务），现在依法对你传唤！请你服从配合，否则将强制传唤"，行政强制传唤程式化用语为"你无正当理由不接受传唤，依法对你强制传唤！你有陈诉和申辩的权利。如对强制传唤不服，将来可以申请复议或者行政诉讼，但你必须配合到公安机关接受调查，否则依法采取强制措施"，刑事口头传唤则表述为"你的行为涉嫌刑事犯罪，现依法对你传唤"。

第四节
警察执法语言的行业特征

"每一种有学科规则的行业语言体系，都是相关的特定人群所使用的，在行业的特殊话语环境下起到交流、沟通的媒介作用。"[①] 警察执法语言作为一种语言变体，在具体运用中体现出鲜明的行业特征和风格。

一、　法律性

警察担负着维护国家安全和社会治安秩序，保护公民的人身安全、人身自由和合法财产，保护公共财产，预防、制止和惩治违法犯罪活动的重要职责，警察的每一项警务活动，必然伴有出于法定职责而进行的言语活

---

① 刘红婴. 法律语言学（第二版）. 北京大学出版社，2007：1.

动。口头表达中，警察要通过以事实为依据、以法律为准绳的准确表达，使执法对象了解警察如何判断事实，怎样理解法律和作出什么处理意见，从而形成可能的共识或者起码的认可，言辞必须符合法律法规的要求，符合法律精神和国家意志。法律文书是警察执法过程中依法制作的具有法律效力或法律意义的文字材料，是警察执法活动的记录和凭证，制作中只有正确使用法律术语和警察业务用语，把法律精神融于事实与论证之中，才是符合规范要求的法律文书。因此，警察执法语言，无论是执法口语还是法律文书语言，必然有充足的法律内涵，体现出法律的严肃性和权威性。

二、 程序性

程序是法律行为的生命，警察执法过程就是由各个程序构成的，程序性是警察执法语言的天然属性。在法定程序中，哪个环节口语表达应该说什么，办理案件进行到哪个环节应该制作什么文书，文书中的语言如何构成，基本上都有明确规定。这种程序性让警察执法口语看起来"呆板"，让法律文书语言"繁复"，但这是必要的，是警察执法规范化的重要保证，是警察公正、规范执法的重要体现。当然，这种程序性不是绝对的，还需要在严格遵循法定程序、法定规则的前提下，坚持程序性与应变性相结合，尽量展现语言的丰富性，发挥语言的巨大能量。

三、 严谨性

警察执法语言直接服务于执法实践，在打击犯罪、纠正违法等执法工作过程中，警察居主动和主导地位，享有法律赋予的权威性，但这种权威只有借助语言表达才能发挥更有效的作用。警察执法语言要更好地为人们所理解和接受，必须严谨，以确保思维内容的一致性、连续性和确定性。由于执法对象发生了某种违反法律、法规的行为，而这种行为的产生是基于执法对象某种违背社会价值标准的态度、行为或者急待将其实现的心理意愿，因而，警察的执法过程不仅要打击犯罪、纠正违法行为，更是以言语交际的形式促使其改变思想和心理动机，因此无论是叙述事实、论证析理，还是说明情况、沟通交流，警察执法中的口语表达必须严谨周密，反映事物内在的逻辑关系，才能令人信服，才能实现警察执法的根本目的。

法律文书中同样要求语言严谨准确，用词用语能恰当地反映客观事物的本来面貌，离开了这一点，法律文书语言就失去了价值和存在的意义。这种严谨不仅要求语言能贴切、恰当地表述概念、判断是非，论断罪名，全面反映事物的本质特征，还要求用"唯一"的字词反映案件涉及的各种事物的实际情况，如对案件的定性是"一般"还是"较大"，是"重大"还是"特别重大"；对犯罪情节的判断是"恶劣"还是"特别恶劣"，是"轻微"还是"显著轻微"；对犯罪嫌疑人的宽大处罚是"从轻"还是"减轻"，从重处罚是"从重"还是"加重"，都需要准确辨析，严谨使用，否则差之毫厘，就会谬之千里。

四、 庄重性

庄重性是指警察执法语言庄严、严肃的特点。警察执法的性质、任务，决定了警察执法语言的庄重色彩。如果口语表达自由随意，法律文书用语随便，就会损害法律的严肃性和警察的权威性。因此，警察执法语言中不能像文艺语体那样采用文学的笔调，运用带感情色彩的语言成分，排斥所谓的幽默诙谐、生动活泼的俗语、谚语，严禁使用脏话、黑话等不得体、不庄重的词语，更不能用想象、联想、虚构的表现手法和比喻、夸张、借代等修辞手法。否则，就会破坏警察执法的权威和尊严，削弱法律的社会约束和社会规范效果。当然，庄重并不是刻板、缺乏生机，而是与具体的语境、交际目的、交际内容相协调，不刻意追求语言的感性色彩和形象色彩。

五、 平实性

警察执法语言是用来阐明事实、论说法理事理的，而不是动情兴感、塑造艺术形象的，具有很强的务实性。古人说："信言不美、美言不信。"

法律的"信言"当如"清水出芙蓉，天然去雕饰"，少用辞藻、不图华丽、务求淡泊清真，力戒华而不实。所以，警察执法语言以朴素平实为贵。朴素平实的法律文书要做到"三易"：易看、易听、易懂。易看，就是文书语言叙述直言其事，说明浅显易明，尽量用常用字、词，不用生僻难认的字，力求让具有中学文化程度的人都能看懂；易听，就是口语表达适宜听觉接受，要用朴素的地方语和最能反映民众感情、心愿和意志的大众化语言与民众交流；易懂，就是语言文字通顺简明，读说容易上口，读者、听者容易理解。平实的警察执法语言会给人以谦逊、稳重的印象，而浮华艳丽的语言只会让人觉得哗众取宠、虚伪不实。当然平实并非贫乏、单调和呆板，也不是不讲究表达技巧，而是自然实在，"辞达而已矣。"

第五节
警察执法语言的语力渊源

语力（Illocutionary Force）是言语行为理论的重要概念。言语行为理论（Speech Act Theory）是一种解释人类言语交际的理论，由英国哲学家约翰·奥斯汀（J. L. Austin）在 1962 年提出，后又经过美国语言学家塞尔（J. Searle）的修正和发展。言语行为理论的核心思想是认为使用语言就像人类许多别的社会活动一样，是一种有意图的行为，言语交际的最小单位不是词或句子等语言单位，而是言语行为。奥斯汀提出，使用语言既是组词造句的过程，也是一种做事的行为，即"以言行事"。人们不是为说话而说话，当他说出某些言语时，实际上就是用这些言语在实施某种行为。

奥斯汀还将一个完整的言语行为抽象为三个层面的行为[①]：言内行为（Llocutionary Act）、言外行为（Illocutionary Act）和言后行为（Perlocutionary

---

① 朱慧敏. 语言哲学视野中的言语行为理论发展评述. 山东社会科学，2009（3）：152.

Act）。"言内行为"是指"说话"这一行为本身，就是发出语音，说出有意义的语词、语句的行为，也被称为"以言表意行为""言说行为"；"言外行为"是通过"说话"这一动作表明说话人为什么要这么说，亦即表明说话人的说话意图，也被称为"以言行事行为""施事行为"；"言后行为"是指某一行为意图一旦被听话人领会而对其产生的效果或影响，即言语交际带来的后果，也被称为"以言取效行为""取效行为"①。其中，言外行为本身具有一种语用力量，会促使听话者在思想、情感、行为等方面发生改变，这就是"语力"。如果我们向物体施加了某种物理力量，这种力量往往会引起物体发生改变，这就相当于我们有意改变了事物。言语行为中的语力是物理领域中的力在人的概念中的扩展。②

　　言语行为理论是语用学的重要理论，运用这一经典理论解析警察执法言语行为，有助于我们更加清晰地认识警察执法语言的本质，掌握警察执法语言的规律。

一、　警察执法语言的本质是以言行事

　　同样地，警察执法语言是合乎句法规则和语义规则的有意义的话语，在执法口语表达中，警察通过发出语音语调，说出词语，并把它们按语法规则组合成话语，赋予特定的话语意义，最后传递给接收者；在执法书面表达中，通过以事实为依据、以法律为准绳的文字表达，依据格式要求，制作相关法律文书，完成以言表意的基本任务。但言语行为理论为我们揭示了"说话"行为的本质，是说话者在借助话语传达说话的目的或意图，人们说出有意义的句子，是为了借助它所具有的意义来实施某个特定的言语行为，达到"以言行事"的目的。因此，警察以语音或文字的形式说出带有意义的语词、语句（言内行为），实质上都是在履行执法服务、办理案件、维护治安、法治宣传等法定职责（言外行为），是以"言说"的形

---

　　① 吴延平.奥斯汀和塞尔的言语行为理论探究.吉林师范大学学报（人文社会科学版），2007（4）：61.
　　② 段芸.言语行为语力的认知语言学研究.西南大学博士学位论文，2011：45.

式体现"行事"的本质，也就是说，警察的言说行为本身就是一种履行岗位职责、完成法定程序的行为，而且这种言说行为因为警察的身份会产生不同于普通人的"言外之力"。例如，对应当逮捕而在逃的犯罪嫌疑人发布通缉令，其根本目的是对在逃的犯罪嫌疑人进行通缉，通缉令中的语言文字就具有了法律效力和法律意义。

二、 警察执法语言的目的是以言取效

警务活动中警察言语行为的目的能否达成，达成的状况如何，便是警务言语的"言后行为"。依据上述言语行为理论，警察的言语行为得到工作对象的响应和配合才是有效的，言语行为的目的才算是达成，否则就是言语交际的失败。依据美国语言学家格莱斯（H. P. Grice）言语交际中的"合作原则"，言语交际中，说话人和听话人一般要遵守四个准则：量准则——提供所需要的信息，质准则——说的话要真实，相关准则——所提供的信息要有关联，方式准则——说话方式要清楚明白。

但与一般的言语交际不同，警务言语交际中，工作对象往往违反"话语合作原则"，故意违背"四个准则"，使警务言语交际表现出较强的对抗性。另外，违法犯罪嫌疑人的侥幸、畏罪、恐慌、戒备、抵触等心理，也会表现在言语内容的真假难辨、是非混淆。警察与违法犯罪嫌疑人之间的言语交锋也就成为对抗性最尖锐最复杂的言语交际之一。同样，在警务调解工作中，双方当事人往往只讲自己的理，只提供对自己有利的证词，故意违背言语交际中的"量准则""质准则"；而知情人作为当事人的邻居、熟人等，也常常为了袒护或打击一方当事人，故意夸大或虚构事实，或者怀着"多一事不如少一事"的心理，不愿意得罪双方当事人，不愿意出来作证。在治安管理过程中，当事人对相关法律法规了解有限，与警察形成了信息不对称，于是对警察作出的处罚常常持怀疑态度；同时，纠正违法、违章时警察居强势和主导地位，享有法律赋予的权威性，这种权威性和强制性使得警察在表面上与当事人处于对立状态，当事人天然地具有弱势者的抵触心理；再加上警察执法活动会使当事人"利益受损"，当事人

自然在言语交际中会违反"话语合作原则"。以上都是警察执法中必须面对的客观语境，它给警察执法语言的"言后行为"增加了不确定性，给警察执法语言"以言取效"目的的达成增加了难度，因此，提高警察尤其是一线执法警察的语言能力成为刚需。

三、 警察执法语言的语力源自法律

语力是话语在具体交际场景中所发挥的特定功能，同样一个语句用于不同的语境往往具有不同的语力。判定一句话的确切语力，一方面要依据语句的使用规则，另一方面还要考虑言语活动参与者的身份、地位、所具有的信念及背景知识等语境因素。例如，"小心点！"这句话在不同的语言环境中可以具有"忠告""提醒""威胁"等语力。[①]

警察执法语言的语力也与语境因素密切相关，但与一般言语交际的本质区别在于，警察执法语言的语力源自法律，并体现为法律效力和法律意义。例如，现场处置警情时，警察口头命令违法犯罪行为人停止实施违法犯罪行为、按照要求接受检查，告知违法犯罪行为人拒不服从警察命令的后果，要求在场无关人员躲避等，这时的"命令""告知""要求"的语力有强大的法律强制力做后盾，如果相关人员不听从，就需要承担相应的法律后果。

"对于警察来说，言语行为体现着一种责任，关系到法律秩序和权威，更关涉到社会主义民主政治的某些原则，所以其实质的意义超出了一般言语活动所具有的意义。"[②] 因此从语言哲学的角度来看，警察执法语言的"语力"体现了警察执法语言作为权力手段和决定性标志的巨大效力。如果警察执法话语法定的语力有所缺失，或者警察执法话语的任何一个环节有所缺失，势必影响警察执法效果以及法律权威，由此，就不难理解开展包括执法语言规范在内的执法规范化建设的极端重要性。

---

① 刘龙根. 语力概念与意义表征. 东北师大学报（哲学社会科学版），2005（3）：120.
② 君在，李华文. 论警察言语. 公安大学学报，1992（1）：70.

第二章　警察执法语言要素

　　警察执法语言主体即"谁在说"，没有警察执法语言主体，警察执法语言就不可能存在；警察执法语言信息即"说什么内容"，是警察执法语言的符号信息载体与意义构成物；警察执法语言载体是连接警察与警察执法语言对象的"桥梁"，是信息内容传播的"窗口"；警察执法语言效果是警察执法语言存在的目的与意义。对警察执法语言而言，这四要素相辅相成，紧密衔接，缺一不可。

第一节
警察执法语言主体

一、"主体" 认识

"主体"是哲学领域的基本范畴之一，依据马克思主义的观点，主体是指人与周围世界相互作用过程中的社会实践者、行为的主动发起者、改造者和控制者，而且，主体是不能独立存在的，人的主体地位，是在现实的实践活动中，在人对对象世界主动地相互作用过程中形成和确立起来的。这一概念可以在三种意义上使用。第一，本体论意义上的主体。本体论意义上的主体是指世界的本原和基础，表征的是性质、属性、联系、运动、变化的载体和承担者。从这个意义上看，恩格斯认为物质是一切变化的主体。本体论意义上的主体回答的是世界的统一性问题。第二，认识论意义上的主体。也就是从主体与客体相对应的角度来使用这一概念。马克思主义认为，在认识论意义上主体是人，客体是自然。主体是认识者，客体是被认识者或者被认知的对象。没有认识者，自然无所谓认知对象。而没有认知对象，自然也就无所谓认识者。可见，在认识论意义上的主体与客体是一对相互依存、相互对照的范畴，一方的存在以另一方的存在为条件，并彼此从对方获得规定。第三，历史论意义上的主体。主体，不仅是本体论的范畴和认识论的范畴，同时也是历史观的范畴。从广义上说，主体作为本体论的存在和认识的范畴，并不是一种抽象的纯观念的精神存在，而是一种有生命的、现实的社会历史存在，因而也可称之为历史主体。而从狭义上说，历史主体则仅指人作为历史活动的主体。在这个意义上，历史主体具有两个最基本的规定。其一，历史主体是人类社会领域一切活动的发起者和承担者。其二，历史主体又是以社会历史作为相对独立认识客体的思维主体。因此，历史主体就是指处于一定社会历史文化环境中，从事历史活动并能对这种活动进行认识和反思的现实个人和组织。[①] 马克思认为，"历史不过是追求着自己目的的人的活动而已"。[②] 在历史观意义上，人始终是主体，而且恰是人在社会实践的基础上立足于主体定位的不断生成的自主运动的过程构成了人类社会的发展。主体有个人主体、群体主体、社会主体和人类主体之分。

马克思对主体范畴的本体论、认识论和历史观的全面概括，无疑指导着我们全面理解和把握警察执法语言主体的确切内涵。从哲学的层面上看，警察执法语言的主体是特定的主体。警务活动的目的，是使工作中获得的信息能最大限度地符合客观事实，这是执法活动的出发点和落脚点，也是对警务工作的基本要求。而执法活动离不开口头表达和法律文书制作，口头表达是执法活动的重要手段，法律文书制作是执法活动不可或缺的一项具体工作，法律文书内容直接反映着执法活动的过程及结果，是评价执法活动合法性、科学性、合理性的重要依据。

执法语言是特定主体有目的、有意识地认识活动的反映，离开了具体的执法活动就不可能有执法语言主体的存在。因此，运用语言完成执法工作以及法律文书制作的警察才能成为执法语言主体。根据辩证唯物主义的观点，人的认识来源于社会实践，而法律实践活动是最深刻、最明显的社会实践，执法语言主体履行各种职责正是社会实践活动的具体体现。执法语言主体根据法律规定和执法流程，以口语或文书的形式表现执法活动的过程及结果，这一过程是执法语言主体对案件、纠纷等事实进行深刻认识的结果，是执法语言主体有目的、有意识活动的一种反映。

---

① 万斌. 论历史主体. 浙江大学学报，1993（1）：19.
② 马克思恩格斯全集（第二卷）. 人民出版社，1965：118.

二、 警察执法语言主体厘清

警察执法语言主体是依照法律规定，使用口头语言或者文书语言履行职责的警察。他们具有法律所赋予的从事执法活动的资格，并且具有相应的执法能力。警察执法语言主体的存在是以依法承担法定职责为前提的，法定职责是行为主体依法行使职权与承担责任的统一体。就行使职权而言，要求行为主体必须具备法定的资格与条件。同时，职权的行使与相应的法律责任并存，也就是说，职权既是权利，也是义务，是必须行使而且是要严格按照法律规定行使的特殊权利。这种权利的依据来自国家法律的授予，实质上是公权力的一个部分，因此，警察执法语言主体要求特定人员在特定条件下才能行使，是一种特殊的权力能力。

（一）警察执法语言主体的构成

警务活动中，警察不是以个人身份而是代表政府和执法机关与执法对象发生交往联系的，大部分法律文书的责任者也是一级公安机关，而不会签署警察个人姓名，但运用语言完成执法工作以及文书制作的人员才能成为执法语言主体。因此，警察执法语言主体只能是警察而不能是公安机关。

警察执法语言主体还必须是从事具体警务工作的警察个体。对警务工作负责决策、指挥、协调等的公安机关负责人、领导人，一般不直接面对执法对象以及制作法律文书，他们的语言更侧重领导艺术，不在本书研究范围，他们不属于本书界定的警察执法语言主体。

警务辅助人员也即辅警，可以从事规定的警察执法岗位的相关辅助工作，在协助警察开展治安巡逻、治安检查、盘查堵控、疏导交通、宣传教育等警务活动时，都会通过语言与当事人进行沟通交流，当事人及民众一般也不会区分正式警察与警辅人员，而是将他们都当作警察看待，因此，执法过程中辅警的话语与正式警察的话语具有同等效力，勤务辅警也是警察执法语言主体。

　　由以上分析可以看出，警察执法语言的主体实际上就是执法活动中具体使用执法语言的人员，包括现场执法的警察和警辅人员，以及制作法律文书的警察。在言语活动中，警察执法语言主体不能表现个人的意志和受个人主观感情的影响，只能代表政府和执法机关言说，表现国家的立法意志和执法机关的权威态度，通过对适用法律的解释和对警务行为的说明，体现执法活动的庄重性和严肃性，并使执法对象感受到存在于警务活动过程中的公平公正性。《公安机关执法细则》中要求警察在现场执法开始前，以"我是×××（单位）民警，现依法……"的语言亮明身份，同时敬礼并主动出示人民警察证，就是表明执法警察的执法语言主体地位的直接体现。

（二）提高对辅警执法语言主体地位的认识

　　在我国，由于辅警待遇、晋升途径与公务员编制存在很大差异，辅警来源多元，主要是退伍军人、社会招聘人员、大学毕业生和警察亲属，绝大部分是非公安、非法律专业毕业。尽管他们没有实质性的执法权力，不具备独立执法的资格，但他们拥有辅助警察工作的权力，其工作环境与警察相同，需要具备的执法语言能力也与警察相同。因此，应提高对辅警执法语言主体地位的认识，以实战为导向建立覆盖全体辅警范围的培训体制，常态化开展辅警队伍素质提升培训，加强对警辅人员的业务培训尤其是执法语言的培训，通过对法律知识、业务技能、思想道德以及执法语言技能等的全方位培训，提升辅警现场执法语言能力和水平。

三、 警察执法语言主体特征

　　警察执法语言主体的职业素养关系到警察执法语言的效果，关系到警务工作的成败，甚至警察队伍的整体形象，一个合格的警察执法语言主体应具有以下特征：

（一）树立正确的执法思想

警察思想是警察执法的核心理念和意识，是存在于警察内心深处、支配警察执法行为并对警察执法行为的目的性产生直接影响的价值观念。① 警察执法语言主体只有在正确的思想框架的引导、驱动下，对执法行为的目的和意义有正确的认识，才能在执法时对自己的行为作出正确的选择和取舍，才能履行好新时代人民警察的职责使命，守护一方平安，确保一方稳定，保障人民群众安居乐业。

坚持以人民为中心是习近平法治思想的根本立场，是落实全面依法治国战略、建设社会主义法治国家、实现国家治理体系和治理能力现代化的重要要求。《法治社会建设实施纲要（2020—2025 年）》更是将"保障人民权利"作为推进法治社会建设指导思想的重要内容，将"坚持以人民为中心""坚持权利与义务相统一"作为推进法治社会建设的主要原则，将"加强权利保护"作为推进法治社会建设实施的重点工作之一。我国《人民警察法》第三条同样规定："人民警察必须依靠人民的支持，保持同人民的密切联系，倾听人民的意见和建议，接受人民的监督，维护人民的利益，全心全意为人民服务。"

人民警察的这一性质和宗旨，决定了执法为民是公安机关执法思想的核心，决定了公安工作必须以人民满意为根本工作标准，公安机关的一切权力属于人民，人民群众的获得感、安全感和满意度由人民来评判。警察执法语言主体只有牢记习总书记"四句话十六字"总要求，牢固树立"以人民为中心"的执法思想，才能积极适应人民群众对社会公共安全的新要求、对维护自身权益的新期待、对高品质公共服务的新需要，在具体警务实践中真正把人民群众当作国家的主人，事事为群众着想，始终做到情为民所系，利为民所谋，权为民所用，把执法手段和执法目的有机结合起来，最大限度地实现法律效果和社会效果的统一。

常规情况下，公安工作的内容设计就是基于服务人民的实际需求，民

---

① 王光森．人民警察执法观念建构．江苏警官学院学报，2004（2）：133．

警只要严格按照法律法规和工作规范完成公安工作也就实现了执法为民、服务人民。但在非常规情况下，当各种法律关系、利害关系纠缠在一起时，只有坚持以人民为中心，恪守以民为本、法治为民理念，以"人民至上"作为利害抉择时的最高标准，才能采取正确的执法行动，积极回应人民群众的呼声。"警察永远不会博得所有人的欢心"① 只有具有"执法为民"的思想，才能在群众对执法工作不理解时，依然坚持严格公正规范地执法。警务工作中，警察语言态度中显现出来的情感因素至关重要，而警务语言中饱满的情感同样来源于警察正确的执法思想，这是公安队伍建设的一个永恒课题。

（二）具有牢固的法律思维

思维是客观事物在人脑中间接的、概括的反映，是职业技能中的决定性因素，法律思维是法律职业者的特定从业思维方式，是法律人在决策过程中按照法律的逻辑，来思考、分析、解决问题的思考模式，合格的警察执法语言主体还须具备法律思维。警察的职权及其活动都必须具有法律上的授权，自由裁量必须在法定的界限之内进行，所以警察执法语言主体在实践活动中，首先，必须将合法性作为思考问题和解决问题的前提，或者说是作为认知和分析的前提和起点。其次，必须将程序视为思考和分析问题的框架，一切执法活动都要依据程序开展，不能逾越基本的程序规定，否则出发点再好的行为也可能导致法律上的"错误"，案件侦查中违背程序收集的证据就会导致"失效"。最后，必须注重推理的逻辑性，使当事人看到这个结论是出自理性的，具有说服力的。虽然法律思维并不绝对排斥情感因素，但它与道德思维、宗教思维的情感倾向有着严格的界限。道德思维是一种以善恶评价为中心的思维活动，而法律判断是以事实与规则认定为中心的思维活动。因此"法律至上"的法律思维首先是服从规则而不是听从情感，具有了这样的思维，才能使警务活动依据相应的法律法规开展，才能使建立在法律思维之上的警察执法语言规范有效。

① ［英］罗伯特·雷纳. 警察与政治. 易继苍，朱俊瑞译. 知识产权出版社，2008：11.

（三）具备过硬的警察业务能力

警察执法语言不是孤立、单一的能力，规范有效的执法语言是建立在警察过硬的业务能力基础之上的。我国公安机关人民警察在执法勤务活动中需要具备多方面的业务能力，主要包括治安行政管理能力、执法办案能力、公安勤务能力、应急处突能力、群众工作能力[①]等。而每一种业务能力又包含多方面的具体能力。例如，治安行政管理能力包括调查走访、收集情报信息，发现治安问题、矛盾和风险，控制治安案（事）件现场并维护秩序，进行深入研究分析，有效解决治安问题和化解治安矛盾的能力。具备这些方面的相应能力，才能基本胜任基层民警在执法勤务工作中的治安行政管理工作。执法办案能力，要求民警在掌握相关专业基本知识的前提下，同时具备处理治安案件和刑事案件的能力，包括现场保护能力、案情分析能力、侦查措施的运用能力、调查方法的运用能力等。公安勤务能力，主要包括巡逻盘查勤务、安全检查勤务、现场保卫勤务、堵截与守望勤务、看管解送勤务、值班备勤勤务、特定勤务等，这些勤务工作都是公安机关日常工作的重要组成部分，具备这些能力是警察开展警务执法工作的基础性条件。应急处突能力，包括信息研判、预警预防、快速反应、现场管控、妥善处置等能力，这些能力是民警在日常执法执勤工作中需要随时显示的。群众工作能力包括宣传教育、沟通交流、情绪调适、组织动员、服务群众等，落实到个体行为就是需要掌握和运用群众工作的方法、手段，是基层警察履职的基本功。

（四）具备较强的语言表达能力

警务工作的特殊性要求警察具备出色的语言表达能力，并突出表现在倾听、观察、表达、情绪控制等方面。对当事人之间的争执、矛盾、纠纷进行调解是警察的日常工作之一，调解既需要警察掌握法律和政策，思维

[①]　尚磊．公安机关新录用人民警察素质与能力架构研究．中国人民公安大学硕士学位论文，2017.

敏捷，善于剖析各种矛盾，更需要警察运用评判、解释、劝说等言语形式，充分调动各种语言技巧尽快化解矛盾；法治宣传同样是警务工作的重要内容，让不同文化层次甚至不同民族的男女老少都能听得明白、听完相信，并不是一件简单的事，同样需要较高的语言表达能力；对违法人员进行说服教育，使之深刻认识到自己违法行为的危害性，离不开警察的语言驾驭能力；讯问犯罪嫌疑人更是要求警察具有极高的讯问技巧和应变能力；法律文书要求语言规范准确，制作者没有较高的分析概括能力和文字驾驭能力，只熟悉格式规范、制作程序，是写不出合格的法律文书的。因此，执法语言在警务活动中的效果是就警民在同一事项的判断和处理中取得共识，其本质意义在于使公众信服警察的判断和处理。这种效果的获得决定了警察在言说过程中，要表现出他所代表的执法机关对事实的理解和态度的可信性以及可接受性，而且这种可信性和可接受性不是强加给对方的，而是借助警察出色的语言表达能力实现的。

第二节

警察执法语言信息

一、"语言信息" 认识

信息是一种普遍的客观存在。不管是由客观物质构成的物质系统，还是由人类活动构成的社会事物，甚至在人类意识思维活动领域，信息都是普遍存在的，是不以人的意志为转移的。唯物辩证法告诉我们，世界上的一切事物都不是孤立静止的，而是处在普遍的联系之中，并表现为相互作用。在相互作用中，当一物体受到另一物体的作用时，它必然会相应地发生运动状态或内部结构的变化，并在这种变化中再现出另一物体的某些特点。我们把事物在相互作用的基础上所产生的这种现象称为"反映"，其中的一物体和另一物体被称为"反映体"和"被反映体"。与反映相联系，一物体中再现的另一物体的某些特点，就是关于另一物体的信息。[①] 因此可以说，信息是事物运动的表征，是表现对象事物状态和运动的一种形式。

而语言又是信息的表征，是一种表示或陈述事物状态和运动的符号，是人类信息活动的一种高级形态。它把物质世界与精神世界联系起来，把物质世界的信息传递到人的精神世界中，从而改变人对外在世界的认知。任何语言信息都是由信息量和信息质两个维度构成的。

（一）信息量

信息量是度量信息多少的一种物理量。如何把有效的信息传递出去，使语言接受者获得的信息含量更丰富，关涉到语言信息两个层面的问题：一是信息的表达层面。表达层面是物质形态的实体，揭示信息的物理意义。语言越是贴近地复制出人们生活的现实世界，信息看上去就越真实、越丰富。二是信息的内容层面。内容层面是语言符号表达信息后所产生的意义方式，以及对应表现的思维形态，用于表达内在的、抽象的意义。它的作用是使信息原有的意义在语境的影响和作用下，被赋予新的意义，信息量得以充实和丰富。

（二）信息质

语言的信息质是指信息的真实性。真实性是语言信息的充分必要条件。在语言信息活动中，人们要说真话、听真话，语言信息真实性是语言传播者和语言接受者双方相互信任的基础。没有真实性，语言传播主体对信息的信任也就无从谈起。所以，语言的信息质，即语言信息真实性，是人类实现有效语言传播活动的基本前提。

语言信息真实性要求语言符号所描述的信息要与客观事实相符，语言传播者有责任运用符号真实、准确地向语言接受者传递客观、真实、可靠

---

① 王晓升．信息与反映——对认识本质的新思考．学术论坛，1991（2）：3.

的信息，真实的信息是社会赖以正常运转的重要条件，如果社会上充斥着大量的虚假信息，人们就会依据虚假的语言信息作出各种决策、行为，其结果很可能会引发社会纠纷，甚至还会导致社会秩序的动荡。①

二、 警察执法中的语言信息

从传播学的角度来看，警察运用语言工具进行执法活动的过程，实质上就是将语言作为载体的信息传播过程，同样由信息量和信息质两个维度构成。

（一） 警察执法语言中的信息量

警察执法语言中信息量的多少，与警察的语言能力密切相关。警察语言表达能力强，能条理清晰地将意图表达出来，就能保证传递的信息量充足。警察语言表达能力弱，就会造成信息传递过程中的损耗，引起信息接收者的歧解甚至抗拒。现场执法中，当事人常常会因为对法律规定不了解、对警察执法话语不理解而情绪激动，这时候简单直接的命令式语气只会使矛盾升级或引发警民冲突，警察要用反复强调、详细解释等方法刻意增加信息量，用可能平复当事人烦躁情绪的信息去明示和影响他，使其恢复理智，配合警察执法。因此，警察只有正确、清晰、有技术地表情达意，排除信息损耗的干扰，才能保证足量的信息顺利传递给当事人。

（二） 警察执法语言中的信息质

人类信息活动是主体与环境对象之间的信息交换过程，而语言信息活动是语言传播主体之间的信息交换过程，语言传播主体对语言信息内容真实性的表达，除了要显示认知意义上的真实性尺度外，还要显示对特定个体、关于特定信息内容所属领域、在特定时间和地域、为特定目的和需要

---

① 周芸，崔梅. 语言传播概论. 北京大学出版社，2015：61.

的语言尺度。① 因此，警察执法语言信息的真实性不仅涉及执法警察信息系统与特定语境之间的关系，而且涉及警察和执法对象之间的组合关系和结构方式，以及警察自身的认知能力和所拥有的信息。例如，侦查讯问不只是言语的交流，更是一场心理战。实践中，知罪认罪、坦白交代的犯罪嫌疑人是极少数，更多的情况是犯罪嫌疑人故意设置重重障碍，狡诈多变，拒不交代。讯问人员常常采用故意夸大或缩小犯罪等级的讯问方法，当犯罪嫌疑人顽强抵抗、气焰嚣张而又存在侥幸心理时，警察故意夸大犯罪等级，夸大犯罪嫌疑人应承担的责任和犯罪性质，使其认清犯罪的危害后果；而对轻微的涉嫌犯罪或共同犯罪的次要参与者，则故意使用一些轻松的字眼和言辞，有意识地缩小犯罪的等级和性质，通过降低对犯罪行为的评价，来减轻嫌疑人的有罪感。② 这些讯问策略实际上都是通过对信息质的特殊处理来达到讯问目的的。

三、 警察执法语言中的信息内容

综观警察执法语言的信息内容，可以概括为事、法、理、情四个方面。

（一） 事——事实记载信息

警察执法语言中包含案件、警情等的事实信息内容，这种"事实"，严格地讲不是事实，而是警察对事实的认知和把握。案件、警情发生后，存在反映案件、警情事实的信息，案发过程中在场的人、案件相关的物以及相关人、物所存在的时间、空间，是案件形成必不可少的四要素，案件就是人、物、时、空相互作用的结果，产生于人、物、时、空相互联系、相互作用的原生态信息是案件最一般意义上的信息，也是法律文书记载的有关案件的实质内容。

---

① 周芸，崔梅. 语言传播概论. 北京大学出版社，2015：60.
② 殷相印. 警察言语修辞研究. 东南大学出版社，2012：147.

但案件事实的原生态信息并不是案件事实本身。"原生态信息只是'潜在'地存在，这种潜在的原生态信息还只是事物反映出的'准信息'。"① 法律文书中记载的原生态信息是表征，是实有，但不是实物。所谓"表征"，是从实物中摄取出来可以不丧失任何物质、能量以及其他东西，却显示出客观事物的真实面貌。正因为它仅仅是"表征"，所以使人对作为客体的客观世界能更为方便地、更多更深地了解，又能符合客体自身固有的特性和规律。② 只有那些能够被主体认识的信息才能成为表征案件的信息内容，如果没有主体的评价和选择，无限庞杂的信息就没有意义。所以，法律文书记载的内容是案件事物的表征性信息，而不是事物本身，而且这些信息是经过文书制作人认识和筛选的信息，也就是说，信息的价值、意义和作用总是受到文书制作人的需求、目的、认识能力、知识水平和思维方式的制约，由文书制作人接受、加工、处理和理解信息的实际情况来决定。文书制作人员作为能动的人，不仅要在办案活动中积极获得尽可能多的案件信息，而且要认识到获得信息是为了更好地服务于办案活动，记载的信息不仅要具有客观性，而且要有意义和价值。

（二）法——法律解读信息

执法办案中，警察除了要了解认知案情，还要对案件作出评价判断，这就是法律解读信息。

一是大部分法律文书中，都要求引用法律条文对案件性质和处理程序作出评价判断，这种评价判断一般以程式化语言表述，简洁明了。实践中出现的问题，主要是法律适用不当，引用法条有误，或者引用法条不够严谨，没有具体到"款"或"项"。

二是一些现场执法中，警察需要向当事人宣布法律决定或对法律适用的具体情况进行解释，并陈述对事实的认识和判断。这个运用法律思维进行法律解读、推理、论证的过程，是体现警察执法适用依据合理性的必经

① 叶艳鸣. 信息的基本形态. 四川图书馆学报，2002（1）：1.
② 陈坚. 新闻本体论——关于"事实"与"信息"的比较研究. 新闻大学，1993（3）：16.

环节。这就要求警察对相关法律条文理解透彻，对法条的引用准确，能结合具体案件情况，对所引用的法律规定作出清晰的阐释与论证，对警察的法学素养和法律意识提出了较高的要求。

法谚说"正义不仅要实现，还要以看得见的方式实现"。警察现场执法中对法律规定进行充分的解读，有利于向当事人展现警察对具体案件的评判思路和标准，让当事人切身感受到警察在执法过程中的公平、公正和规范，增强民众对警察执法的认同感和信任度。

（三）理——道理阐释信息

警务工作的警察话语中还存在大量道理阐释信息。对于民间纠纷，警察不能用强制、压服的方法解决，需要立足于说服、教育、沟通、疏导，依法妥善处置。警察在处理纠纷时，会遇到各种各样的人，有的懂法律、讲道理，较为注重自身的言谈举止；有的偏激冲动，态度生硬，言辞激烈；有的胡搅蛮缠，固执己见，软磨硬泡，不达目的不罢休；有的则道听途说，不辨是非。警察需要讲究调解艺术和语言技巧，运用规劝、说服的方式阐明道理、指出要害、启发疏导，消除纠纷，平息矛盾。

事实上，"调解能够得以实现，取决于说理和心服两端同时成立：说理者的能力卓越、拥有道德威望；心服者具有顺从的资质且能够被说理"。① 警察无法选择调解对象，只能不断提高自身的说理能力。针对不同社会背景的当事人采用灵活变通的说理方式，紧紧围绕当事人的核心利益，牢牢抓住当事人的心理特点，以中立的第三方从中说理调停，通过说清楚、讲明白当事人之间的利害关系，找到当事人之间利益最大化的解决方式，有的放矢地进行"说理"，引导当事人认同自己的观点，最终达到调解目的，实现调解意图。

法律文书的说理也是向外界展示执法机关法律专业度的窗口，它的说理是将事实、法条以及其间的逻辑进行梳理与说明，主要体现在叙述事实后对照法律规定，进行罪状概述，这个概述的过程伴有一定的主观性，实

---

① 姜少平．"说理-心服"模式下的中国传统调解钩沉．重庆社会科学，2018（1）：63.

际上就是对法律规定的事实对应阐释。在我国，定罪权虽归属于法院，但执法机关有确定涉嫌罪名的权力，说理无疑会在一定程度上影响法院或者检察院的判断，更可能影响到当事人的权利。这就要求说理在对法律事实进行认定的时候做到客观。实践中出现问题主要是原封不动地复制笔录中的话、不做科学加工或者只誊抄一两句说理文书中通用的句子，这样仓促敷衍制作的公安法律文书使得法律权威性大打折扣，同时也浪费了公安机关和公民及司法机关书面交流的机会。

（四）情——情感态度信息

警察执法语言中情感态度信息无处不在。言语交际学认为，话语交际是一个由交际双方参与的、以话语为媒介的心理互动过程，这个过程中有这样一个流程：说话人的意图—听话人的理解—听话人的反应，也就是首先由说话人按照语言规则成功地表达自己的意图，其次由听话人按照语言规则正确领会说话人的意图后，做出相应的反应。这一过程的实现是以无形状态存在于说话人和听话人的心理互动之中的，而畅通的心理互动建立在当事人对警察话语的情感认同的基础上。情感互动把警察和民众结合在一个共同的情感体验领域中，在沟通过程中，警察对工作的情感和对民众的态度得以交流、传递和分享，并在民众中蔓延、扩散，使民众的情绪都接近或趋向警察的情感反应。

利用强制性制度约束警察改变言语行为和态度，对警察而言只是一种权力服从，权力服从意味着行为与思想、表面态度与内在心理的距离增大。而只有真正使警察树立起全心全意为人民服务的宗旨意识，确立起权力制约意识和人权保障观念，才能从根本上改变警察的思想、观念和内在心理，使警察依照规范去做成为一种自觉行为，也才能使警察带着感情工作。而警务语言中饱满的情感来源于警察正确的警察权力观以及正确的职业理想和职业追求。

第三节
警察执法语言载体

　　语言载体是指承载思想内容的物质实体。警务活动中警察的思想与意识转化为语言后，并没有就此终止，而是通过各种形式的载体深层次传播出去，其中包括人自身的载体、文本载体以及现代化的声像载体。

一、　语音载体

　　人类都有一套完善的发音器官和听觉器官，每个正常人都能够凭借肺部和喉咙的功能使空气振动，创造出传递信息的声音。人类的耳听系统能够帮助人们清晰地辨别出有意义的特定语音。人类这种与生俱来的生理本能，使得每个人都有说话和听话的能力。而且语音作为语言的物质外壳，它没有重量，不占空间，能够刺激人的大脑，引起反应，还能够迅速消失，不留痕迹，能言说者可以边想边说，还可以随意中断或被打断。语言接受者亦可以在接受一连串口语的同时，边听边处理这些信号。① 人类语言有多种传播信息的通道，其中最为方便、最为基本的还是以语音为载体的口语。

　　警察现场执法中，以语音为载体的口语同样是最便捷的表达工具。其效果主要与三个因素密切相关：

（一）言辞

　　口语表达所使用的词句便是言辞，口语表达中的每个词句都是依照一

---

　　①　周芸，崔梅．语言传播概论．北京大学出版社，2015：65．

定的语法规则有机组合起来并且表现出明确意义的，恰当的言辞才能达到传递信息的目的。警察现场执法中，只有准确恰当地使用言辞，才能使言辞在口语表达中发挥出应有的作用。准确的言辞，能使当事人迅速而正确地理解表达的内容；有情感的言辞，易于唤起当事人的情感共鸣；符合事理的言辞，可以增强口语表达的说服力；专业化的言辞，可以增强口语表达的权威性。这就要求警察在口语表达时，言辞选择要准确恰当，不偏不倚，客观公正，既不能威胁恫吓，以势压人，也不能肤浅空泛，空讲大道理，缺乏说服力。

（二）语调

语调是口语表达中声音的高低变化和快慢轻重，是口语表达不可或缺的重要因素。人们在口语表达时，总是随着表达内容和思想情感的变化，出现语调起伏高低的变化，没有语调的口语表达是不存在的，没有明显语调变化的口语表达也是无法收到良好效果的。警察面对狡辩抵赖的违法犯罪嫌疑人，口语表达使用较高音调、加重语气，可以对其起到震慑作用。而与民众交谈时，使用温和舒缓的语调，在语调上体现出热情、亲切、和蔼和耐心，可以拉近与民众之间的情感距离；而急躁、生硬、轻慢的语调只能适得其反。有时温和舒缓的语调也会对违法犯罪嫌疑人起到意想不到的作用，警察通过可亲、可近、可信的语调与其交流，逐步消除其恐惧心理和抵触情绪，唤醒其良知，从而引起其思想上的转化，使其认罪悔罪。可见，语调包含丰富的情感因素，是打开感情僵局的桥梁。

（三）方言

语言因地域方面的差别而形成的变体，最主要表现在语音差异上。口音一致容易让人们有认同感，警察在做群众工作时，为了与对方沟通感情，拉近彼此心理距离，有意识地使用方言，可以使对方产生亲切感，减少或消除其心理隔阂和对立情绪。在讯问嫌疑人时，选择嫌疑人的家乡土语或家乡方言进行发问，可以暗示对方利用语言障碍来隐瞒和逃避讯问是不可能的，使其认识到自己的罪行已被警方掌握，案情已暴露，从而促使其放弃隐瞒或狡辩的意识，如实供述犯罪。① 这就要求警察具备灵活转换普通话与当地口音的能力，对外地人用普通话，对当地人用当地方言。但实践中也有外地籍贯的警察，在实心实意为工作地群众办实事办好事的过程中，用自己迥异于工作地口音的外地口音，创出了自己的语言风格特点，受到工作地群众的欢迎。②

二、　肢体载体

肢体动作和面部表情作为信息载体，是通过肢体以及面部表情变化来辅助口语传情达意的，主要包括手势、动作、目光、表情甚至沉默等，它们能很好地配合口头语言的运用。正如《礼记·乐记》中所说："说之故言之，言之不足，故长言之。长言之不足，故嗟叹之，嗟叹之不足，故不知手之舞之、足之蹈之也。"心理学家经过研究发现，"当听话人觉得一个人的言辞和他的肢体语言间存在矛盾时，他会有五倍的可能性去信赖后者。也就是说，这种情况下，人们在面对面交流时，更愿意相信他人经由动作传递出来的信息，而不是倾向于相信他人的语言。"③

警察现场执法中，口语表达的同时必然伴随有肢体表情动作，反映警察思维方法和内在情感。恰当的肢体语言能够增强民众对警察的信任感，增强警察对违法犯罪嫌疑人的威慑力。警察执法语言的肢体载体主要包括：

（一）眼神

眼神是人们在注视时的眼部活动以及在这一过程中呈现出的神态。人们常说"眼睛是心灵的窗户"，人们通过目光接触来传递信息，而注视的时间、方式以及目光接触角度传达出不同的内容。科学研究表明，一个人看到喜欢的人或事物，瞳孔会异常增大；看到不喜欢的人或事物，瞳孔则

---

① 殷相印. 警察言语修辞研究. 东南大学出版社，2012：176.
② 刘宏丽，柳思专，邢丽. 论警察执法执勤语言规范化建设. 山东警察学院学报，2012（6）：139.
③ 王卉. 动作语言在讯问中的作用、解读和记录. 福建公安高等专科学校学报，2005（3）：31.

会缩小。瞳孔放大、缩小主要由外界刺激和情绪引发神经冲动，是某些心理活动的投射，完全是无意识的，也是难以掩饰的。眼神是辅助警察进行口语表达的重要肢体语言。警察语言表达时通过眼神向当事人传递出情绪、关注度、态度等重要信息，如对群众投以和蔼、关切的目光，对积极配合的当事人投以肯定的目光，对心怀顾虑的群众投以鼓励的目光，而对违法犯罪嫌疑人投以威严的目光。而当事人"确认过眼神"，也可以促使其更好地理解警察的言辞信息。

（二）表情

表情是指人面部形态的变化。人的面部神经发达，任何一种心理活动都会不自觉、不经意间在面部体现出来，任何一种微妙的表情变化都表达出一种不同的信息。甚至眉、目、鼻、口、颊等都可以单独成为某种信息的载体，如皱眉表示不同意、烦恼，扬眉体现出兴奋，面颊泛红是羞涩或激动的表示，脸色发青发白是生气、愤怒或受了惊吓、异常紧张的表示等，可以说，人的喜、怒、哀、乐等情感都会通过面部表情反映出来。在执法活动中，警察的面部表情会直接影响当事人的合作意愿、心理感受和情绪变化，和气的表情能让当事人感到亲切而乐于配合，生硬漠然的面孔则可能引起当事人的抵触心理。因此，警察在口语表达过程中要善于调动面部来表情达意，让言辞表达情感化、生动化。

（三）手势

人在口语表达时还会不自觉地伴随手势动作，手势有两大作用：一是表示某种形象，勾画出某种东西的形状；二是表达某种意念和感情，给人明确有力之感。[①] 警察口语表达时以手势配合言辞，有助于当事人对言辞内容的理解，使当事人通过视角的帮助获得对言辞内容更为深刻的印象。但手势动作必须适度，动作幅度不可太大太频繁，否则会干扰当事人的认知，使其只注意到警察的手势而忽视应当关注的言辞内容。

---

① 刘洪秋．谈公安口才主体表达要素．上海公安高等专科学校学报，2005（3）：54.

（四）动作

口语表达过程中，除了手势还会伴随其他的肢体动作。美国心理学家梅拉宾论述情感、语言、体态之间的关系时，认为情感的表达，语言只占交际行为的 7%，语调占 38%，剩下的 55% 由肢体语言来实现。这就是著名的梅拉宾法则。在警民沟通过程中，警察的握手、轻拍、轻抚等动作可以传递对群众的鼓励、爱护、关心、赞赏等意义。在疏导交通、处理违章等执法活动中，规范、娴熟的动作也会引起群众的关注，给群众以安全感，可以提高群众的信任度。

三、　文本载体

文本载体是指语言信息被文字记录下来。语言信息的传播与接收，单凭口语是远远不够的。人的口语只是一次性的行为，接受对象也极其有限，文字的出现，打破了时间和空间对口语的限制，与声音、肢体、面部表情相比，具有更强的稳定性和更高的持久度。文本载体是警察执法语言最常见的载体，其物理形式主要有以下三种：

（一）电子文本

2015 年公安部下发《关于开展警务信息综合应用平台建设完善试点工作的通知》，明确规定将警务信息综合应用平台列为全国公安信息化建设的重要工作。目前，已建成较为完善的网上执法办案信息系统，法律文书已经基本实现网上制作、网上审批、网上签章，案件卷宗网上自动生成，电子文本成为警察执法语言文本载体最主要的形式。

（二）印刷文本

文书电子化还不能完全离开纸质形式，现今主要采用电子化与传统的纸张结合的方式。依法应当在执法现场开具的现场勘验、检查、搜查、扣押、当场处罚、当场调解等法律文书，需要先以纸质形式完成，后在规定时间内录入信息系统；案件办结之后执法办案信息系统生成的案卷也需要打印，以纸质形式立卷移送、归档。公安部发布的《公安机关刑事案卷立卷规范》规定，公安机关对在办理刑事案件过程中形成的法律文书和证据材料，根据一定的顺序和要求组装后形成的案卷，是公安机关刑事执法办案水平和质量的重要体现。

（三）书写文本

警察执法中，个别情况下，例如，在公安机关以外的地方进行调查访问，因不具备条件依然需要以书写的方式形成文本。《公安机关执法细则》要求制作文书使用钢笔或者签字笔和能够长期保持字迹的墨水，做到字迹清楚、文字规范、文面整洁；填写内容不得涂改，必须更正的，应当由相关人员签名或者捺指印确认，或者重新制作。书写文本对警察的书写速度、对常用字的熟悉程度、书写的美观度都是一个考验。现今，人们越来越多使用电子产品，书写的机会越来越少，提笔忘字、书写不美观成为常态，这就要求警察有意识地加强书写基本功训练。

四、 声像载体

声像载体，如音频载体、视频载体是当今社会不可或缺的传播媒介，也是警察执法语言的重要载体，其具有很强的现场感、形象感和过程感，能够全方位记录警察执法语言的信息。在公安执法活动中，使用声像载体的情形主要有：

（一）现场执法中的视音频记录

2016 年公安部公布《公安机关现场执法视音频记录工作规定》，第四条明确规定了六种具体的现场执法活动中，必须佩带执法记录仪：（1）接受群众报警或者 110 指令后处警；（2）当场盘问、检查；（3）对日常工作中发现的违反治安管理、出入境管理、消防管理、道路交通安全管理等违法犯罪行为和道路交通事故等进行现场处置、当场处罚；（4）办理行政、刑事案件进行现场勘验、检查、搜查、扣押、辨认、扣留；（5）消防管理、道路交通安全管理等领域的排除妨害、恢复原状和强制停止施工、停止使用、停产停业等行政强制执行；（6）处置重大突发事件、群体性事件。这六种情形基本涵盖了公安机关现场执法活动的内容。

执法记录仪（Police Body-Worn Camera，PBWC），是集数码摄像、数码照相、对讲、定位功能于一身，能够对执法过程中发生的现场情况进行动态、静态数字化记录的警用装备。[①] 它将包括警察现场执法语言在内的现场执法全过程、全方位、无间断地记录下来，可以有效防止执法不严、执法不公、执法不文明、执法不规范现象，同时也是对警察自身的有效保护。

（二）办理行政案件中的视音频记录

为减轻办案警察负担，提高工作效率，《公安机关办理行政案件程序规定》规定了录音录像可以替代相关法律文书的几种情形：接报案、受案登记、接收证据、信息采集、调解、送达文书等程序性的执法活动应当全程录音录像；满足特定条件，可以替代行政强制措施的现场笔录；可以替代书面检查笔录；现场录音录像内容涵盖当事人基本情况、主要违法事实和协议内容，可以免于制作调解协议书。视音频记录已经成为警察执法的普遍性工具，出于固定证据、还原案件原貌、证明执法合法性等多个目的，任何案件都被允许进行视音频记录。

（三）侦查讯问录音录像

我国在 2012 年修订的《刑事诉讼法》中就确立了侦查讯问录音录像制度，规定在重罪案件中的侦查讯问必须全程录音或录像，并保持完整性。2014 年公安部公布《公安机关讯问犯罪嫌疑人录音录像工作规定》，要求各级公安机关积极创造条件，尽快实现对所有刑事案件讯问过程全程录音录像。在规范化的办案区内，电子监控系统与录音录像系统相结合，为所有刑

---

① 刘长煌. 警用执法记录仪（上）. 现代世界警察，2021（5）：50.

事案件的讯问提供全程、同步录音录像，并通过全域性、自动性、匿名性的电子监控为同步监督、远程管理、证据获取提供支撑。在规范化的办案区内进行讯问，被侦查人员形象地描述为"镜头下的讯问"。镜头下侦查讯问要求侦查人员的讯问语言必须规范，尤其是对嫌疑人释法说理时，所引用的法律规范、刑事政策必须符合国家规定，不可出现威胁、利诱、欺骗的语言。可以说，声像载体已成为警察执法语言最准确的记录载体。

第四节

警察执法语言效果

警察执法语言效果是指警察执法语言对执法对象的心理、态度、行为所产生的影响和引起的变化。斯图亚特·霍尔的"编码与解码理论"将意义的生产过程视为"编码"，编码阶段完成后，信息便进入流通环节，也就是意义开始从编码者传送给受众。斯图亚特·霍尔认为，编码的信息一经传送，编码者即失去对意义的控制权。当编码工作完成，信息及意义通过媒介传送给受众时，会产生非常复杂的感知、认知、情感、意识形态或者行为结果。由于编码和解码的符码不对称，在信息转化成话语形式、话语形式转化成其他形式时，信息意义的完全传播是不可能的，因为接收者并不根据编码者的代码指向解读意义。同样地，警察执法语言由执法语言主体发出，语言信息进入流通环节后，也会有诸多因素影响其最终效果的达成。

一、 语言接受者影响警察执法语言效果

传播学理论认为，受众（Audience，信息传播的接受者）在接受信息时并不是不加分析地照单全收，而是受到特定文化背景、个人动机、个人

心理预期、个体当下情绪等因素的影响，会有所选择，有所侧重。① 警察执法语言接受者是警察执法语言信息的接收者、解读者和反应者，他们也不是单纯的、被动的、同质的，不同的语言接受者对同一语言信息会产生不同的认知、情感、态度和行为反应，影响因素主要有三方面：

（一） 对警察及执法机关的原有印象

每个人对外部世界的认识，都需要用已有的、预存的内心世界的原有印象进行解释。② 当当事人接收到警察执法语言信息时，就会用自己原有的印象去验证和解释这个内容。而不同职业、不同经历、不同文化水平的人对警察及执法机关的原有印象是极不相同的，当当事人对警察及执法机关的原有印象是积极的、正面的，就会自觉配合警察执法，警察执法语言就会收到好的效果；而当当事人对警察及执法机关原有印象是负面的甚至敌对的，就会本能地抗拒警察执法，警察执法语言就不会收到好的效果。同样地，当群众对某位社区警察了解、接受与认可时，其执法语言的效果就明显，一名屡破奇案的警察或者与社区群众相处融洽的社区警察与新入职的或群众陌生的警察相比，在群众面前的话语分量是不同的。

（二） 警察执法行为对其利益的影响程度

趋利避害是人之本性，当事人对自身获益或受损的考量，也会直接影响其对警察执法语言的接受度和配合度。大多数情况下，警察的执法活动会使当事人"利益受损"，违法、犯罪嫌疑人为逃避打击会天然地对警察执法语言带有很强的对抗性，言语互动中经常出现时间长短不一或尖锐程度不同的矛盾冲突；在警务调解工作中，双方当事人往往只讲自己的理，对警察调解语言中对自己有利的话语接受度高，而对自己不利的话语接受度低。

（三） 当事人的性格特征

具有不同性格特征的当事人，对相同的警察执法语言的反映也会不

---

① 张国良. 传播学原理（第二版）. 复旦大学出版社，2014：207.
② 周芸，崔梅. 语言传播概论. 北京大学出版社，2015：82.

同。理性外向型的当事人，会用理性思维去分析判断警察执法话语信息，接受话语信息并能够积极作出反馈，使警察执法话语取得理想的效果；理性内向型的当事人，在对待警察执法语言信息的态度、方式等方面，与理性外向型的当事人大致相同，但他们往往不愿意进行互动沟通，内心接受但不会作出积极的反馈；感性外向型的当事人，容易感情用事而不会对言语信息进行深入分析，如果警察执法语言与其利益相一致，就会得到积极甚至热烈的响应，如果使其利益受损，就会引发激烈冲突；感性内向型的当事人，内心活动丰富，不擅长理性分析，也不擅长当众表达，尤其面对占据主导地位的警察，一般会选择顺从地或违心地接受。

二、 警察言语行为影响警察执法语言效果

警察执法活动中，警察居主动位置和强势地位，对于言语行为的产生、发展具有控制力，拥有主导性，这种权威性和强制性使得警察在表面上与当事人处于对立状态，当事人天然地具有弱势者的抵触心理。在这样的情势下，警察自身的语言态度和语言技巧就会极大地影响语言效果。

（一）语言态度

态度是指人的举止神情以及对于事情的看法和采取的行动①，这里所说的警察语言态度仅指警察语言表达过程中表现出来的举止神情，语言态度是内在情感的外显，好的语言态度可以使警察执法语言事半功倍，而差的语言态度往往成为正常执法升级为警民矛盾冲突的导火索。

我国警察执法中语言态度差的情况并不鲜见，探究其深层原因，主要有二。其一，中国的传统法律并不以保护人的基本权利为目标，而是以确认人们的职责和义务为明确目的。我国历朝历代的法律典章多是对人们的义务性规定，强调人们的义务，强化服从权威和履行义务的观念。警察也为存在于思想深处的文化心理所制约，在内心深处既有一种凌驾于当事人

---

① 中国社会科学院语言研究所词典编辑室．现代汉语词典．商务印书馆，1998：1221.

之上的优越感，又有一种履行职责义务的职业倦怠感，成为影响其语言态度的深层文化心理因素。其二，不少警察依然认为自己是国家法律的执行者，主要靠的是枪杆子说话，不能也不想靠嘴巴，这成为影响警察语言态度的职业心理因素。文化因素和职业心理因素是深层次的影响因素，也是根本性的影响因素。改善警察语言态度，不是规定和引导警察说几句文明礼貌语就可以解决的，它需要长期的文化浸淫濡染。

（二）语言技巧

警察在现场执法活动中，会碰到形形色色的工作对象，会面临各种各样的情形。群众有困难时会信任依赖警察，不满焦虑时也会将怨气怒气发泄到警察身上。警察要完成警务工作，仅仅学会使用规定语言发出引导、指令、警告等是远远不够的，必须掌握语言沟通技巧，做到面对任何突发状况都能够随机应变处置警情，处变不惊掌控局面。

社区警务工作中，言语对象主要是广大群众，语言信息不允许夹杂不真诚，更不允许存在欺骗性话语。公安部在"三项建设"中明确提出，基层民警会不会做群众工作，关键是看能不能做到"三懂四会"，其中的"三懂"（懂群众心理、懂群众语言、懂沟通技巧）实际上就是调解的语言策略，也是民警做好调解工作的前提和基础。但在工作实践中，不少民警由于缺乏调解经验，或者社会阅历尚浅，或者不能准确把握对方心理动态、分析其情绪动向，因而语言缺乏针对性，语言表达不能为对方或多方接受；有的则不能依据特定的风土人情采用灵活的语言修辞技巧，结果让调解工作事倍功半，甚至久调不决。

案件侦查过程中，言语对象是证人、被害人或犯罪嫌疑人等，案件侦查工作的开展离不开办案警察的谋略和语言表达技巧，在面对劫持人质等各种严重的违法犯罪时，作为谈判主体的警察为避免悲剧发生，更需要讲求语言的策略性和技巧性，否则会使警务工作陷入被动，甚至导致严重后果。如果基层警察既要负责社区服务工作，又要承担一些刑事案件的侦办，那么他还需要在两种大相径庭的话语角色间进行切换，选择恰当的语言推动和完成警务工作。

三、 外部执法环境影响警察执法语言效果

警察的外部执法环境很大程度上决定了警察执法语言的效能。警察作为法律的执行者，在正当执法过程中毋庸置疑地拥有执法权威，执法话语也同样具有强制性。体现为社会公众对警察具有拥护与依赖的心理感受，并积极支持和密切配合警察的执法活动；被处罚的违法犯罪嫌疑人认可为自己的错误行为接受适度的处罚，对警察执法产生敬畏、服从的心理感受。在这样的执法环境下，警察执法语言自然会收到良好的效果。

但当今我国警察面临着不利的外部执法环境。首先，公众对警察的认同感降低。随着公众民主意识、权利意识的提升，他们不再是警察的追随者和服从者，而是警务工作中的参与者、监督者和质疑者；改革进入关键期后社会大众的期望值与公安机关工作成效之间的反差，进一步削弱了公众对公安机关的认同感。其次，公众对警察信任度降低。少数警察执法不公、粗暴执法甚至执法犯法的行为，严重损害了警察的整体形象；不少地方政府滥用警察权，使警察经常被推到民众的对立面，严重伤害了警察与民众的鱼水之情；自媒体时代的到来，使涉警事件在网络传播中被扭曲，警察负面形象在网络与现实交互影响中被放大，使公众对警察的信任度大幅下降。最后，部分执法对象抗拒执法。部分执法对象只愿享受权利不愿履行义务，在警察依法执行职务时，不愿意配合执法，有的甚至公然辱骂、推搡、拉扯警察；部分执法对象出现抗法心理不敢与警察当面对抗，为达到逃避惩罚的目的或为泄私愤进行不实投诉，甚至诬告诽谤执法警察；还有的把对社会现实的不满情绪发泄到执法的警察身上。这样的执法环境给警察执法语言设置了障碍，提出了挑战，需要公安机关关注外部执法环境对警察执法语言的影响，在加强公安机关执法语言规范化建设的同时，采取多种措施逐步改善外部执法环境。

警察执法语言效果在当事人身上的反映表现为当事人在接触警察执法语言信息后所表现出来的认知、情感、态度和行为。这四个层面是一个逐步深化、层层累积的社会过程，层面越深化，说明警察执法语言效果越明显，警察与当事人之间的沟通越顺畅。

第三章

警察执法语言规范

　　"规范"是"标准、范式"之意，是人们行为或行动的准则，是一种必须遵循的模式或原则。执法规范化建设在公安工作中具有全局性、基础性地位，警察执法语言规范是执法规范化建设的重要组成部分，是从细节上规范执法的必由之路，是深入推进执法规范化建设的必然要求。

规范一般分为两类：一类是法律规范、道德规范，体现了一个国家、政权的意志或社会公众的意愿，服从于国家、政权或社会公众的利益和要求，同时也需要依赖国家的强制力或社会舆论的力量得以实施；另一类是技术规范，它本身体现了技术规律，具有科学性。技术规范一旦得到国家或有关部门的批准并颁布实施，便也具有了行政强制力。① 警察执法语言规范属于技术规范的范畴，具有技术规范的特性。

第一节

警察执法口语规范

警察执法口语是警察在警务活动中，以声音为媒介，与民众面对面交流、与违法犯罪嫌疑人面对面交锋时使用的口头语言，是警察了解民众需求、回应民众期待、化解社会矛盾、打击违法犯罪、维护社会稳定的重要工具。警察执法环境日益复杂，民众对警察执法的期待进一步提升，对公平正义的感受更加强烈，警察在与社区群众、违法犯罪嫌疑人正面接触、深度交流中语言表达是否规范，不仅直接关系到是顺利完成警务工作还是激化矛盾甚至引爆网络舆情，而且直接影响到法律的严肃性、权威性，影响到政府在民众心目中的形象。

---

① 管曙光．试论公安文书文本的规范化．上海公安高等专科学校学报，2004（5）：54.

一、 警察执法口语的要求

警察执法语言作为开展警务活动的重要工具，不同于一般的言语活动，也不同于出于个人目的而进行的言语活动，要求做到：

（一）准确，不随意

警察执法语言是为实现特定的执法目的而展开的，说什么、怎样说，必须符合法律法规的要求，必须具备充足的法律内涵，在正确理解法律规定的基础上运用法律术语、警务用语进行表达，不能使用普通日常交际中的"大白话"。同时要服务于具体的执法需求，如交警的纠正违章用语、户籍警的户籍管理用语、治安案件的处置用语、犯罪侦查的询问和讯问用语等，要求警察以具体的警务工作为依据，不能脱离相关法律规定而由警察个人随心所欲地进行表达。

（二）灵活，不死板

警察面对的执法对象形形色色，其身份、年龄、职业、文化程度、认识水平各不相同，这就要求警察在坚持语言法律性的基础上，善于灵活运用语言，能够根据不同执法对象选择不同的词语、语气、语调，面对不同的执法情境采取不同的语言策略和技巧。例如，对文化程度不高的执法对象，为便于理解，语言要法定性和通俗性相结合；对文化程度较高的执法对象，则要把握语言的条理性和层次性以及逻辑严密性；对年轻人要保持稳定的情绪，使用恰当的语气和准确的词汇；对年长者说话时要心平气和，用摆事实、讲道理的方式进行沟通交流；对女性要把握语言分寸。

（三）合情，有温度

著名语言学家朱伯石曾说："一串简单的词语放在一起，就有了金石之声。"也就是说，话语不是冰冷的，不仅有语义，更有温度。语言的温度主要体现在说话时的语气上。从听话人的角度来说，说话人的语气体现出他对听话人的看法和态度，这个看法和态度有温和、真诚、急躁、严肃、强硬等的区别。而词语一旦成为警察执法语言，承载起解读法律的功能，当事人会分外敏感，他们能清晰而准确地感知到警察在办案中的感情，能感受到法律语言的温度高低，是冷，是热，如腋下的体温计一般精准，谁也遮掩不了，更造不了假。① 因此，要求警察执法语言既合法也合情，对群众的痛苦情绪作出共情回应，对执法工作打扰到群众表达歉意，对群众的配合和支持表达感谢，切合实际地说明情况等，使当事人既认识到法律的权威不可亵渎，又感受到警察执法的人性化温暖。

二、 警察执法口语的种类

依据警察口语交流的向度将警察执法口语进行划分，将以单向度输出信息为主的口语表达称为陈说性口语，将双向交流互动明显的口语表达称为对话性口语。同时，口语表达过程中，肢体语言必然伴随其间。

（一）陈说性口语

陈说是指在警务活动中，警察依据法律规定，出于职责而针对特定事项向当事人宣布法律决定（包括解释引用法律和叙述事实过程）或提出社会建议，并陈述理由的言语活动。② 警察执法中运用陈说性语言常见的情形有：向违法、违章当事人宣布处理决定及相关事项；向当事人陈说如何判断事实、怎样理解法律和作出什么决定；向有异议的当事人解释执法行为的法律依据；对不配合执法工作的群众作解释工作；向犯罪嫌疑人、违法嫌疑人或其他当事人表明身份，告知权利义务；对群体性事件的涉事人员做相关法律讲解，等等。陈说性语言的目的是通过解释判定的事实、适用的法律和处理的决定，帮助当事人完整接受警察传达的信息，准确理解警察传达信息的内涵。

---

① 姚宏科. 法律语言的温度. 法制日报，2013-4-3（10）.
② 李华文. 论警察陈说言语的存在价值. 四川警官高等专科学校学报，2000（2）：74.

（二）对话性口语

这里的对话是指警察在执法过程中，与工作对象一对一的言语沟通互动，与违法犯罪嫌疑人面对面的言语往来交锋。对话性言语常出现在治安调解、违章纠正以及侦查案件的询问、讯问中。其与陈说性言语最大的不同在于内容的随机性、走向的变化性和结果的不确定性，需要警察针对对方的话语做出及时反应和恰当回应，并牢牢掌握话语主动权，需要警察具备丰富的实践经验和语言应变能力。

（三）肢体语言

警察现场执法中，口语表达的同时必然伴随面部表情、肢体动作，它是口头语言表达的重要辅助手段，反映警察内在思维和情感态度。恰当的肢体语言能够拉近与群众的情感距离，增强对违法犯罪嫌疑人的威慑力。

三、 警察执法口语中存在的问题

自媒体环境下，警察现场执法往往处于群众的围观监督中、手机镜头下，一言一行都会被放大审视，因语言不当、言辞失误引发警民冲突、矛盾升级的事时有发生。近年来，随着越来越多的公安机关、基层民警意识到执法语言的重要性，公安机关规范执法语言的力度不断加大，警察执法语言的规范程度大大提高。但也应该看到，在法治化程度不断提高、公民法律意识不断增强的今天，社会各界对警察执法语言的要求也在不断提高，相较之下，我国警察执法语言中还存在一些不容回避的问题。

（一）陈说性言语敷衍随意

警察在执法活动中，陈说性言语主要用来向当事人、违法犯罪嫌疑人告知相关权利义务。权利告知程序是公安机关执法的必经程序，是衡量公安机关执法规范化程度的重要标尺。但在现实执法中，部分民警对权利告知程序采取敷衍的态度，要么将告知内容预先写入笔录而实际未作告知，或者让违法犯罪嫌疑人在权利义务告知书上签字而没有允许其充分阅读；要么告知含糊其词，语焉不详，要么走过场、对具体内容不作解释。例如，行政处罚法规定，当事人对公安机关作出的吊销许可证或者证照以及较大数额罚款等行政处罚有要求举行听证的权利，但普通群众对"听证"的确切内涵一般并不了解，而民警在告知这项权利时不作任何解释，使得许多当事人在被问及"是否要求听证"时简单回答"不要求"，使当事人在不了解或不理解自身权利的情况下，草率放弃了其法定权利。

还有一些民警认为执法细则之类的规范是束缚、是形式，不能按照法律规定和规范的要求进行陈说，语言随意，缺少法律内涵，缺乏法律应有的严肃性和庄重性。特别是在对一般违法行为的现场执法、对突发事件的先期处置中，面对一些意外状况往往口不择言，忽视用语的规范性；在治安调解时，也经常发生因随意承诺、随意解释、随意决定而误导当事人的情况。

（二）对话性言语简单粗暴

部分民警有不正确的角色认知，存在"官本位"思想，把自己定义为官，而不是法律的执行者；认为自己是权威的执法者，社会的管理者，执法中简单粗暴的行为伴随简单粗暴的言辞，高高在上的态度通过生硬、冷漠的语言显露出来。同时，警务工作高危险性、高应激性、高对抗性的职业特点，使得部分民警职业使命感、荣誉感下降，产生懈怠情绪，对群众产生抗拒心理，多做多错、少做少错、不做不错的消极思想蔓延，执法过程中能少说就少说，能不说就不说，要说也是简单生硬、冷漠敷衍地说。还有民警不能妥善处理生活与工作的关系，将生活中的负面情绪带入工作中，对当事人"没好气"，带着情绪的话语尽显不耐烦的语言态度。还有民警先入为主地将违法犯罪嫌疑人当作被告人，使用呵斥甚至辱骂的语言，表现出颐指气使的态度；有民警面对群众的不理解、不理智甚至指责挑衅时，不能将个人角色与职业角色分开，理性控制情绪，而是站在管理者角度说些简单粗暴的话，导致矛盾升级，场面失控。

（三）说理性言辞缺乏说服力

警察执法语言表达的目的大多是通过以事实为依据、以法律为准绳的准确表达，使执法对象了解警察如何判断事实，怎样理解法律和作出什么处理意见。这一过程中，需要通过说理的方式表现公安机关对事实的认识和判断过程，从而使警察执法活动具有可信性和可接受性，达到使公众信服的效果。但在执法活动中，部分民警缺乏对相关法律法规的透彻理解，不能把相关法律规定讲清楚、阐明白；口头表达能力有限，表达缺乏条理性和逻辑性，不能条分缕析地将事实表述清，道理阐释明；一旦遇有当事人较真反驳，便张口结舌，甚至引发冲突。部分民警缺乏基本的沟通技巧，不善于倾听群众的诉求，无法做到换角度思考，不懂得使用恰当的执法语言缓解群众焦躁情绪，化解群众间的矛盾；面对群众的愤怒情绪，不会通过有效的语言沟通技巧，控制事态的进一步扩大。

（四）肢体语言不够恰当

《公安机关执法细则》要求公安民警执法时，应当依照规定穿着公安民警制式服装，佩戴人民警察标志，警容严整，仪表端庄，举止文明，精神饱满，姿态良好。但部分民警在执法活动中面对群众或面无表情、皱眉斜视，或面对当事人询问迟迟不作回答，或动作姿势随意散漫，一副"老油条"的架势，给群众带来了不良感受，降低了群众对民警的信任度。

四、 规范警察执法口语的路径

公安机关执法范围广泛，执法对象复杂，执法场景公开，既要依法惩治违法犯罪，也要时刻维护群众利益，还要让群众在警察执法中感受到公平正义。这就需要公安机关进一步加强执法语言规范化建设，进一步提升民警执法语言能力和水平，积极回应群众对警察执法公正、文明、人性化的期待。

（一）加强执法理念的教育引导是根本

执法语言是民警执法思想的直接反映，有什么样的执法理念就会展现出什么样的执法行动和执法语言。因此，加强执法理念的教育引导是公安机关深化执法规范化建设的核心驱动力，是规范警察执法语言的根本之策。目前，部分民警认为自己是代表政府说话的，执法语言只是一种形式，表达方面有些欠缺或不足没什么大不了的。在这样的思想认识指导下，对工作中"如何说""如何针对不同对象说""如何在不同情景下说"几乎没有思考，更谈不上有意识地加强自我提升。

语言是思维的工具，首先，公安机关要帮助民警树立正确的人生观、价值观、警务观和执法观，优化执法观念，切实转变工作作风，在执法过程中牢记服务人民的根本宗旨，切实贯彻执法为民的原则，坚持公正文明执法，注重语言的规范文明，不用"生冷硬横"的态度对待群众。其次，要加强执法监督，促使民警转变思想观念和工作作风，克服特权思想，强化公仆意识、服务意识，树立"立警为公，执法为民"的思想，摆正自己同人民群众的关系，意识到自己的言行会影响人民群众对警察队伍的整体评价，从思想上肃清对执法语言的不正确认识。最后，要加强业务知识学习和能力提升，丰富民警语言的法律内涵，做到执法语言有法可依，有章可循，以理服人，以情动人，既彰显法律权威又体现执法温情。

利用强制力约束规范民警改变言语行为和态度，对民警而言只能算是一种权力服从，权力服从意味着行为与思想、表面态度与内在心理的距离增大。而"文化作为一种意识形态，是政治和经济在人们观念形态上的反映，影响和决定着人的精神世界和行为方式"[①]，其作用是潜移默化的，它着眼于改变民警的思想、观念和内在心理，使民警由表面顺从变成真正的态度改变，使依照规范去做成为一种自觉行为。因此，要发挥警营文化的引领作用。警营文化是维系公安队伍凝聚力、战斗力的精神纽带，它沟通

---

① 刘炜，李德全. 关于公安队伍文化引领和警营文化建设的认识与思考. 公安研究，2009（5）：67.

民警的思想情感，融合民警的理想信念，是广大民警高尚精神追求的内驱动力。公安机关要充分重视文化的引领作用，挖掘警营文化的丰厚内涵，而不是仅仅停留在将警营文化等同于文娱体育活动的浅层次上。将警营文化作为一种重要的资源，作用于队伍的管理之中，在日常管理中渗透和引导民警改变固有观念，树立起现代法律思想、正确权力观念，形成正确的职业理想和职业追求。加强民警健康心理疏导，对长期工作在执法一线的民警定期进行心理咨询辅导，矫正错误认知，疏导不良情绪，帮助其以积极健康的心态投入工作，以健康心态带动健康执法语言①。加强文化意识培养，提高民警对警营文化和精神的认同感，使民警主动参与到警营文化建设中，形成良好的文化自觉行为。

（二）制定执法语言规范细则是基础

近年来，公安机关陆续制定了包括执法用语在内的执法规范手册、执法细则、执法指引等，规范了民警警务工作中的执法行为，取得了良好的社会效果。但其中对执法语言的规定，多为"应当告知、责令停止、做好解释工作"等笼统规定，现行的《公安机关执法细则》对窗口单位的服务语言作了较为细致的规定，但也是使用"态度热情、语气平和、语言文明"等概括性语言。具体怎么说、说什么，没有详细的规定，缺乏可操作性。尤其是面对矛盾冲突复杂、群众媒体众多的警情，没有系统的执法用语规范。公安部发布了两期全国公安机关规范执法演示视频，但并不能涵盖所有执法情境，而且随着社会的发展，一些不可预测的新警情也会出现，单凭民警现场组织语言，常常事倍功半，或者费力不讨好，甚至事与愿违，反而激化了矛盾。

已经制定的一些用语规范或多或少存在不适用的弊端，如公安部 2008 年发布的《交通警察道路执勤执法工作规范》中单列"执勤执法用语"一章具体规定了交警各个执法环节的规范用语，这是我国首次以部门规章的形式为执法用语制定的规范。但是这一规定过多关注执法语言的庄重性、

---

① 苗焱. 警察现场执法语言问题与对策研究. 中国人民公安大学硕士学位论文，2019：25.

严谨性，而忽视了口头表达的简洁上口性。例如，第十条规定："对机动车驾驶人给予当场罚款或者采取行政强制措施时，交通警察应当使用的规范用语是：你的（列举具体违法行为）违反了道路交通安全法律法规，依据《道路交通安全法》第××条和《道路交通安全法实施条例》第××条（或××地方法规）的规定，对你处以××元的罚款，记××分（或者扣留你的驾驶证/机动车）。"看似简短的"你的（列举具体违法行为）违反了道路交通安全法律法规"一句，一旦实际使用时加入具体违法行为，就会暴露出它过度使用书面语成分的特点，如具体违法行为若为"使用伪造的机动车号牌"，那么这一句就需表述为"你的使用伪造的机动车号牌的行为违反了道路交通安全法律法规"，一句中出现了三个"的"，附加成分过多，口头表达起来不流畅、不简练，实践中被民警诟病甚至抵制。

具体明确的执法语言细则是民警规范使用执法语言的依据，科学实用的执法语言细则不但可以帮助民警顺利完成执法任务，而且可以有效地降低民警执法风险，成为民警执法活动的护身符。因此，应在借鉴各地实践经验的基础上，尽快制定全国统一的执法语言规范细则，制定接警、出警、处警、回访等各环节的语言规范，将执法语言变成看得见、摸得着的具体细则、标准、模板。同时还要让民警认识到，任何规范都不可避免地存在一定程度的局限性，指导民警理解执法语言规范目的，把握执法语言规范原则，对规范细则能够灵活运用，不能为了遵守规范而简单复述，生硬照搬。

（三）提高口语表达能力是关键

我国的学校教育长期忽视口语表达技能训练，而考试机制又是以书面考察为主，甚至一张考卷定终身。目前，人民警察招录考试尽管设置了面试环节，但面试是合格面试，对口语表达能力的要求并不高。民警自身对执法语言重要性的认识同样不足，认为在表达上能说清楚即可，是否规范、效果如何无须讲究；基层民警尤其是新入警的青年民警，由于缺乏工作经验，社会阅历有限，面对复杂警情力不从心，无法有效运用执法语言。各级各类民警培训中，针对执法语言表达的内容又继续缺位。虽然公安部多次举办规范执法视频演示培训会，给各级公安机关提供了可视化的"执法教科书"，通过模拟突发警情，规范民警的执法行为和执法语言，但这样的培训力度和内容覆盖广度远远不够。每年公安部、各省市公安局皆会组织民警进行基本功大比武，执法语言也在考核当中。但实际情况是大比武的参赛人员都是固定民警，赛前集中训练，赛后继续工作，以考促学变成了专职应赛，并没有发挥通过实战比武全面评估各地执法实战能力，推动全警执法程序规范化、执法语言能力素养提高的作用。①

在警务活动过程中，民警会遇到形形色色的工作对象，在与他们沟通的过程中会遇到各种各样的问题。较强的语言表达能力成为现场执法的标配。而语言能力不是天生的，需要经过专门训练才能获得。因此要在各级各类培训中增加执法语言的培训内容，对一线处警民警定期举行执法语言专门培训，初任民警培训中设置执法语言专项科目，全方位、多角度提高民警口语表达能力，使民警从两个方面掌握执法语言技巧和方法。一是学会倾听。很多执法场景下，倾听是发表处置意见的前提和基础，警察安静地倾听当事人倾诉，当事人会有被尊重的感觉，话语得到倾诉，不满的火气消散，冲突的可能性就会随之降低。专心倾听还会为之后以理服人的解释和处置奠定基础。倾听过程中要了解情况、搜集证据、进行是非分析判断、考虑适用的法规，然后才能做到胸有成竹、有的放矢地处理问题。不听当事人解释，不明白缘由，想当然地信口开河，很可能处理不当，引发当事人连锁的消极反应。二是学会交流。警察在工作中遇到群众，通常不是在轻松愉快的场合，在这种情况下，警察要学会站在对方的角度思考问题，了解他们的想法，降低语速，坚定语气，利用当时的特定场景，灵活运用语言技巧，将相关信息准确、完整地传递出去，让群众信服事实理由，理解法律规定。

（四）强化实战演练是捷径

从知识转化为能力需要经过实践，从了解别人的经验到成为自己的能

---

① 苗焱．警察现场执法语言问题与对策研究．中国人民公安大学硕士学位论文，2019：18.

力也需要经过实践，要真正提高民警执法语言的实际运用能力，实战化演练是最有效的途径。近几年，各地公安机关采取多种措施提高包括执法语言在内的民警现场处置应对能力，但执法语言水平与公众的要求和期待仍有较大差距。究其原因，主要是相关培训理论讲授多，实务实训少；观摩观看多，实战操作少。因此，各地公安机关应在统一的执法语言标准基础上，针对当地多发警情类型和民警口语能力实际，研发有针对性的现场执法语言训练课程，通过开展各类典型执法场景下的实战演练，训练民警在各种执法困境中运用语言快速回应、化解矛盾的能力。

实战演练实际上是对执法过程中思维方式、行为模式的一种强化训练，只有将规范的思维方式、行为模式内化到民警的潜意识中，并成为一种可操作性条件反射，才能使民警即使遇到危急时刻，也能第一时间进行模式化思考，做出规范化行为，[①] 说出规范化言语。进行执法语言的实战化演练，首先要对演练内容和演练方式等进行科学的设计，针对不同的警种、多发的执法场景、民警不善解决的执法情境等问题，设计不同的实战模拟科目，力求接近实战标准，解决民警的真实需求，让民警在参加实战模拟场景中演练讨论，最终做到将不同执法情境对应的执法语言内化于心，外化于行。同时要严格控制每期每组演练人数，实行小班实战演练，保证每个民警都能真正参与到演练中，都能得到教官的及时指正和评价，避免部分学员只能充当"观战者"。

五、 警察执法语言规范标准的制定

公安部《关于大力加强公安机关执法规范化建设的指导意见》中指出，要"围绕各警种执法的基本环节和流程，研究制定具有要点性、原则性、指导性的执法基本要求和标准，以便于民警了解和掌握，以指导民警正确执法、规范执法和高效执法"。也就是说，公安执法规范化建设的核心要义，就是把执法理念所蕴含的内容通过技术性的操作，进行执法程序

---

① 苗焱. 警察现场执法语言问题与对策研究. 中国人民公安大学硕士学位论文，2019：28.

设计、执法活动设计，在法律框架内，根据现代法治理念的内涵和要求予以明确化和具体化。① 因此，执法规范化建设的一项重要基础性工作，就是研究制定全国性的执法语言规范标准。

但是"水无常形，话无定格"，警察执法语言的特性，决定了制定规范标准必须充分考虑警察执法语言的复杂性和广泛性，审慎而为。如果规范标准制定得不科学、不合理，反而会给民警执法带来困扰。地方公安机关研发的"现场执法语言运用"训练课题②，实战部门民警总结出的"公安民警执勤执法用语规范""公安民警处警过程中的语言沟通技巧"等，为规范标准的制定提供了宝贵的实践依据。在制定这些规范标准的时候，有一些基本原则不可忽视。

（一）效率原则

制定执法语言规范的根本目的是规范警察用语，但不应给民警带来额外的负担，因此，执法语言标准不但应具体可行，具有可操作性，而且应简洁明了，避免烦琐，使民警能够快速掌握，设计类型化用语模式就是一种化繁为简的方法。所谓类型化用语模式，就是只规定用语的结构因素，而不硬性规定具体内容。这样的模式具有一定的包容性和动态性，民警只要掌握简单的几种类型化模式，并了解各自的适用范围，就可以将实践中千差万别的具体情况对号入座，既达到了规范执法语言的目的，又不给民警增加记忆负担。

（二）易表达原则

执法语言需要民警以口头的方式表达，而口语与书面语具有不同的语体风格，口语简短明快、通俗自然，书面语语句雅正、结构严密。用句上，口头语句式结构比较松散，一般较多使用短句、单句、省略句，而书面语句式结构比较严谨，较多使用附加成分、并列成分以及关联词语；用

---

① 马新文. 公安机关执法规范化建设内在和外在要求的理性思考. 公安教育，2009（6）：49.
② 陈士果. 一线民警现场执法语言的训练及使用原则. 广州市公安管理干部学院学报，2016（4）：27.

词上，口头语大都使用通俗的口语词，而书面语讲究语言锤炼，多使用文雅的书面语词，有时还使用一些文言词。执法语言要上口，易于民警表达，就需遵循口头语的用词、用句规律。

（三）易理解原则

语言表达的过程是运用语言形式对一定的思想内容包装、发送的过程，这个过程类似于信息传递中的编码过程，编码者（表达者）把自己的交际信息通过言语载体传递给解码者（接受者），信息交际的效果如何，还要看编码者所选择的表达方式是否适切。警察执法中言语交际对象的广泛性，使警察执法语言的受众形形色色、千差万别，由于受年龄、智力、受教育程度以及对法律术语的知晓程度等条件的制约，专业性较强的词语可能会影响到他们对警察执法语言的理解（解码）程度。因此，制定警察执法语言标准时，还需考虑到接受对象的理解力与接受程度，需将专业语词通俗化，把一些专业术语和法律名词换成普通群众可以理解的、通俗易懂的词语，以达到句意浅显易懂的效果。

（四）互动原则

言语交际是言语表达者和言语接受者在互动的状态下进行的，一般来说，说话者与受话者之间是一种双向交流的关系。但执法语言的交际对抗性，使警察执法语言与通常的言语交际有所不同。警察是执法者，占据着主动的位置，对于言语行为的产生、发展具有一种控制力，拥有一种主导性，有的时候甚至体现为一种单向性，因而使警察执法语言天然地不具有对话性。这种语言不利于拉近与群众的距离，赢得群众的信任，甚至会使当事人产生对立情绪。在构建警察执法语言模式时，需考虑语言的双向互动性，在语言设计上给当事人留下思考、辩解的空间，避免警察执法语言的单向威胁性。

（五）灵活性原则

语言不是一成不变的僵化存在，它总有各种各样的灵活变体，同一内容的话语也有多种表达方式，"一句话百样说"的可能性与公众的多样性相匹配，为警察因地制宜、因人而异地对语言进行变异加工提供了可能：可以用普通话也可以用方言，可以直白也可以委婉，可以理性也可以幽默，可以温和也可以严肃……针对不同地域、不同年龄、不同性别、不同性格、不同文化背景、不同素养的执法对象，需灵活采用不同的表达形式。因此，制定语言标准时既要给出刚性规定，也要有弹性空间。

第二节

公安法律文书语言规范

公安法律文书，是警察在办理各类案件的过程中依据案件事实和法定程序制作、使用具有法律效力与法律意义的文书，是公安执法和管理的依据与凭证，是公安工作科学化、规范化、标准化、法治化的标志。与警察现场执法语言相比，公安法律文书的语言有其书面语的特殊性，而且不同种类法律文书语言的差异也很大。在表格式语言、叙述式语言、笔录式语言三类公安法律文书语言中，表格式语言简单明了，叙述式语言庄重谨严，笔录式语言又分为问答式笔录语言与记实式笔录语言，因笔录内容和制作方式差异较大，语言要求也截然不同。

一、 叙述式语言的规范

（一）叙述式语言的要求

叙述是一种最基本、最常用的表达方式，用来陈述人的经历或事物发生、发展变化的过程。在公安法律文书中，叙述应用范围广泛，介绍案情、叙述犯罪事实、陈述案件侦查过程等都离不开叙述这种表达方式，也离不开叙述式语言的呈现。叙述式语言要求做到：

1. 准确

准确，是叙述式语言的生命，直接关系到定性、定罪、量刑和课罚的事实依据是否准确。法律事实必须是准确反映法律行为主体的表现和法律行为客观的表述，是具有一定法律意义的客观事实。所谓准确，就是遣词造句要恰当妥帖，不是要求形象的准确，而是要求反映客观事物真实情况的绝对准确。其一，语义要明确，不能使用语义含糊、模棱两可甚至产生歧义的词语。其二，选取词语要贴切，能正确辨析词义，恰如其分地表达内容，用"唯一"的词语反映案件情况。其三，陈述事实要准确，语言所表达的内容要完全合乎事实，能全面反映一个案件事实的诸多情节和要素，是确切性与严密性的总和。

2. 简练

简练，是指文字精练，言简意赅，直言其事。公安法律文书中的叙述式语言不能运用比喻、拟人、象征、夸张等的修辞方法，不能采用铺陈、渲染、形象塑造等文学手法，而是开门见山，简洁明了，一目了然，充分展现公安法律文书的实用性。一是要简明，用语干净利落，避免重复啰唆，不可冗赘拖沓，力戒废话、空话、套话；二是要精炼，文句精要，叙事精辟透彻，表意完整流畅，以最少的语言负载最大的信息量。

3. 庄重

庄重，是指公安法律文书语言严肃郑重，不随便，以体现警察办理案件的严正立场和严肃态度。一是要求多用书面语而少用口语，不滥用俗语、方言土语，保证法律文书语言的纯洁性；二是要求恰当使用法律术语、公安业务术语、公安惯用语；三是适当使用具有生命力的文言词，以增加法律文书庄重严肃的语体色彩。

4. 朴实

朴实，就是自然质朴，不矫饰，不华丽。公安法律文书中的叙述式语言在用词上，应直白平易，朴实无华，通俗易懂，不使用晦涩艰深的词语，不堆砌华丽辞藻；在修辞上，应多用消极修辞，不用积极修辞。

（二）犯罪事实的叙述规范

公安法律文书中，犯罪事实的叙述是一个难点。这是因为，刑事案件纷繁复杂，形态各异，相同性质的案件具体情节也各不相同，不可套用程式化用语；犯罪事实叙述中所依据的材料是笔录类材料，叙述中还需要将记录式语言转换为叙述式语言，将第一人称转换成第三人称，将口语转换成书面语；公安法律文书要求叙述的是法律事实，笔录中有大量生活事实，从笔录内容到法律事实，需要将一堆杂乱无章的原始案件证据材料进行选择、提炼，按照刑事犯罪的构成要件进行取舍和重组。

《公安机关刑事法律文书格式》中，明确要求犯罪事实的叙述"应当根据具体案件情况，围绕刑法规定的该罪构成要件，详细叙述经侦查认定的与定罪有关的事实要素"。因此，规范叙述犯罪事实，必须围绕犯罪构成的四个要件，用准确、简练、庄重、朴实的语言叙述清楚时间、地点、犯罪嫌疑人、侵害对象、动机、目的、手段、情节、危害后果等基本要素。

1. 内容要素要齐全

（1）时间。任何犯罪行为都是在一定的时间里实施的，因此，叙述犯罪事实，与犯罪相关的时间必须表述得具体明确，而且一般时间状语提前。

（2）地点。任何犯罪行为都是在一定的地点实施的，有时地点还可以证明犯罪嫌疑人行为的社会危害程度。因此，地点表述也必须确切，通常以地点状语的形式出现。

（3）侵害对象。即犯罪行为直接作用的物或者人。一般情况下，犯罪行为都有一个具体的侵害对象。分析案件，只有分析犯罪对象所体现的社会关系才能确定某种行为构成什么罪。有的案件，如盗窃案、抢夺案、诈骗案等涉财案件，犯罪嫌疑人盗窃、抢夺、诈骗的赃物数量较多，写犯罪事实时没有必要将所有赃物一一列举，举几种代表性赃物即可。如果涉及数量，要求品名在前，数量词后置，如"人民币××元""黄金××克"。如果犯罪事实中涉及赃物，还必须写出经估价确定的具体价值，不能仅仅罗列赃物。

（4）动机和目的。犯罪动机是激起和推动犯罪行为人实施犯罪行为的内心动因，它是产生直接故意的源泉，不仅可以确定犯罪目的，而且可以促使危害结果的实施；犯罪目的是犯罪行为人希望通过实施犯罪行为达到某种危害结果的心理态度，它是犯罪直接故意的重要内容，不仅表明行为人对行为可能发生的危害结果已有认识，而且反映了行为人对之积极追求的主观愿望。因此，犯罪目的对直接故意的形成具有重要的意义。动机或目的在有些案件中是显而易见的，如抢劫案和盗窃案，犯罪嫌疑人都是以非法占有他人财物为目的，所以为了简洁，在陈述犯罪事实时省略动机目的，而是放到法律依据部分直接给出结论。但是在某些特定犯罪中，犯罪目的对犯罪的成立与否产生直接影响，犯罪嫌疑人的作案动机或目的事关案件的性质，是绝对不能省略的。例如，故意杀人和故意伤害，前者以故意剥夺他人生命为目的，后者以非法损害他人身体健康为目的，故意的内容不同，案件的性质也完全不同。这时，叙述犯罪事实的动机、目的就不能直接下结论，而是要让事实说话。例如，在报复性杀人案的事实叙述中，不必把表动机的"报复"二字说出来，而是叙述犯罪嫌疑人准备工具、扬言杀人、实施杀人等一系列行为，有起因，有行为，有结果，通过事实自然而然地得出"报复"的结论。

（5）手段。手段是犯罪嫌疑人实施犯罪行为的方式方法，它可以清晰地反映出行为人有无犯罪经验以及主观恶性的大小。对于一个案件事实来说，仅有主要情节还远远不够，它必须是一个完整的过程，需要在过程中揭示人的行为过程与最后结果之间的确定联系，需要认定他的事实责任。这就需要挖掘那些同样构成案件特点的作案手段，让它们体现出这个案件的特点。这样一来，犯罪事实有时间、地点等事实要素，有基本作案手段，有关键情节，犯罪事实的叙述就基本做到了情节清楚，重点突出。

（6）情节。即犯罪行为人实施犯罪各阶段的情况，刑事案件的关键性情节影响对犯罪嫌疑人的定罪量刑。一个完整的故意犯罪，要经过犯罪的犯意产生、准备、实行、完成的发展过程。不同的犯罪有不同的犯罪过程，同样的犯罪也有不同的犯罪过程。要注意犯罪过程的阶段性、连贯性和系统性，以便了解犯罪行为人实施犯罪的全过程。例如，在认定是故意杀人还是故意伤害案件时，叙述犯罪嫌疑人用刀捅被害人一刀后，被害人跑出去几步摔倒在地上，犯罪嫌疑人没有追过去这一情节，就可以说明他当时的作案动机是出于伤害故意而非杀人。在叙述犯罪事实中，当事人当时的主观心理态度是很不容易体现出来的，只有通过当事人的某些举止、对话等情节，才能客观反映当时的内心状况。

（7）危害后果。危害后果是对犯罪客体即刑法保护的社会关系所造成的实际损害或现实危险。危害后果虽然不是一切犯罪构成都必须具备的共同要件，但它仍是犯罪构成客观方面的一个十分重要的要件。我国刑法规定的绝大部分犯罪属于结果犯，这些结果犯以危害后果是否发生作为犯罪是否构成既遂的要件。有的刑法条文明确规定以危害后果的大小轻重或是否造成危害后果的严重、危险作为区分罪与非罪的界限，因此，叙述犯罪事实，危害后果一定要明确写出。

2. 叙述视角要合理

犯罪事实是对犯罪嫌疑人提出处理措施的直接事实依据，因此叙述事实一般要从犯罪嫌疑人的角度叙述，就是将犯罪嫌疑人明确置于主导位置，尽可能多地以其为主语叙述作案过程，凸显其在整个犯罪过程中的主体地位。叙述时尽量用主动句式，主动句最大的优势，在于它能够揭示行为与结果之间的必然因果关系，揭示犯罪嫌疑人的犯罪故意性，充分显示其对事实应负的不容置疑的责任。试比较：

> 李某从怀里掏出水果刀朝张某胸部猛刺，致张某当场死亡。
> 李某从怀里掏出水果刀朝张某胸部猛刺，张某被当场刺死。

两个句子表达的内容没有实质性差异，但在体现行为与结果的确定关系方面，后者显然不如前者。前者采用主动句，一个"致"字清晰表明张某当场死亡的结果与李某前述行为的因果关系。在叙述一些情节复杂的共同犯罪的犯罪事实时，主动句式与被动句式的差异就会更明显，过多使用被动句式，有可能会使叙述的事实因果关系、法律责任模糊不清。

另外，还要确定好叙述的人称和角度。人称是作者叙述事物的立足点，也就是叙述的主体。在公安法律文书中，如果作者没有一个确定的观察点和立足点，是无法把人物的活动和事件的经过叙述清楚的。

3. 叙述顺序要合规

办案实践中会遇到各式各样的案件，一人犯罪中，有一人作案仅一起的，有一人作案数起且触犯同一罪名的，有一人作案数起且触犯数个罪名的；共同犯罪中，有多人作案一起的，有多人作案数起且触犯同一罪名的，有多人作案数起且触犯数个罪名的，还有与他人共同犯罪之外另有单独犯罪的等，这就存在犯罪事实叙述的顺序问题。对于只有一个犯罪嫌疑人且多次触犯同一罪名的案件，按照时间顺序进行叙述。一个犯罪嫌疑人多次作案触犯数个罪名的，采用重罪在前轻罪在后的叙述顺序；如果同一罪名中还有若干起犯罪事实的话，这些犯罪事实可以按照时间先后依次叙述，涉嫌罪名可以采用小标题表示，如写成"一、抢劫犯罪行为"或"一、抢劫犯罪事实"。

共同犯罪案件的犯罪事实的叙述，是更为繁复和细致的一项工作。有的案件涉及的人多、罪名多、作案次数多、延续时间长，有的犯罪嫌疑人除了参与共同作案之外，还与其中的一人或几人单独作案，甚至还自己单独作案。常见的写法：首先，概括简述该犯罪团伙或集团是如何形成的，他们涉嫌哪些罪名，造成了怎样的危害；其次，采用先重罪后轻罪的顺序，用顺序号标明各罪罪名，在每条罪名内，再按时间顺序依次叙述具体犯罪事实；再次，如果有人还有单独犯罪的，可另冠以"单独犯罪"标题予以写明；最后，以每个人为单位，按照犯罪嫌疑人的主次顺序，分别总结概述各个犯罪嫌疑人的犯罪事实。

每个人在犯罪过程中所处的地位不同，所起的作用不同，各人所应担负的法律责任自然不同。叙述共同犯罪的犯罪事实时，关键是要按照犯罪嫌疑人的主从关系，把每个人的行为叙述清楚。共同犯罪的事实很忌讳不分彼此地笼统叙述，即使在语词的使用上，也需要注意细微的差别，如"王某伙同张某""王某勾结张某"，而不是不分主次地写为"王某和张某"。

共同犯罪案件犯罪事实的叙述中存在的问题，主要是对主犯在共同犯罪中所起的主要作用强调得不够。相关公安法律文书中，谁是主犯谁是从犯，有的只能从排名前后推断，在案件事实的叙述中没有顾及和体现。我国《刑法》第二十六条第一款规定："组织、领导犯罪集团进行犯罪活动的或者在共同犯罪中起主要作用的，是主犯。"第九十七条规定："本法所称首要分子，是指在犯罪集团或者聚众犯罪中起组织、策划、指挥作用的犯罪分子。"因此在叙述犯罪事实过程中，应当将主犯、首要分子在犯罪活动中起组织、领导、策划和指挥作用的具体情节表述出来。

二、 问答式笔录语言的规范

问答式笔录是采取提问和回答方式形成的笔录，这是笔录最主要的表现形式，包括讯问笔录和询问笔录。问答式笔录是笔录最主要的表现形式，也是公安法律文书中的难点。

（一）问答式笔录语言的要求

问答式笔录是证实犯罪嫌疑人罪行、查明案情、揭露犯罪并依法惩处的一种凭证材料，在办案活动中承担着提供案件线索和固定保存证据的重要作用，经核实的问答式笔录更是《刑事诉讼法》规定的证据之一。问答式笔录中，记录的是说话人的思想、观念而不是话语内容本身。笔录制作中，不可能原样照记问话双方的每一个语词，不可能反映语气停顿的存在，更不可能反映语调，只能是按照语法用文字组合话语，所组合成的笔录话语内容是原话语内容的精简和概要。在这样的前提下，制作问答式笔录时，笔录语言必须做到：

1. 记录客观，保持原意

问答式笔录语言要客观、准确、清楚地反映问话的实际情况，对被问话人所作的回答、供述或辩解必须不失原意地清楚记录。所谓客观，就是符合案件的客观事实和逻辑，符合问话的原始情况，不能故意简化，不能隐瞒歪曲，不能主观臆断。

但客观并不是机械、被动地听到什么就记什么。问话过程中，被问话人以有声语言作出陈述，而在口头语言中，过剩的信息量同书面语言相比较多，可达70%，而且常有"这个""那个""就是说"，重复的话以及语气词"啊""唉""嗯"等，这部分信息通常并无多大意义。如果这样的语言在笔录中照实记录，就会使笔录冗长，词不达意。因此要求在保持原意的前提下，将口语中的无用信息筛掉，转化为书面的记录语言，以体现笔录的法律严肃性。同时，由于被问话人所接受的教育程度不一，加之心理紧张等原因，往往会在回答时出现语句不通、缺乏逻辑、支离破碎等不符合语法规范的现象，记录中还需要纠正答话中的语法错误，力求以准确恰当的语言反映出犯罪嫌疑人的真实意思。

2. 内容全面，但不必有言必录

问答式笔录记录的内容要全面，就是凡涉及本案的供述、辩解的理由，提供的线索，有关的人物以及自相矛盾等内容，都要一一记载下来。特别是涉及物品的数量、质量、型号、特征等更要准确无误，力求详尽，不能笼统。尽量用被问话人的原话记录。对被问话人有关行为、动机方面的辩解，也需如实反映，不能随意取舍，以防错案的发生。但全面并不等于"有闻必录"，在问话过程中，常常会遇到被问话人回答问题语无伦次，反复兜圈子，甚至不着边际、答非所问地谈些与案件无关的问题，倘若"有闻必录"，将使笔录杂乱无章，让人费解。对被问话人言语中的芜杂成分，如习惯语、重复语等应该删除；对被问话人用点头、摇头、打手势等肢体语言表示的意思，应该不失原意地增补有关内容；对与案情关系不大、啰唆重复的供述，可以进行必要的概括、取舍。因此，所谓全面主要是指对被问话人有利的要记，不利的也要记；有罪的供述要记，无罪的辩解也要记；被问话人的答话要记，办案人员的问话也要记。

3. 尽可能保留被问话人语言特点

问答式笔录通过语言反映犯罪嫌疑人的供述与辩解，反映证人、被害人等提供的案件情况，因此所记录的语言必须符合被问话人的语言特点，符合被问话人的思想观念、认识水平和认识状态。对文化程度较低、表达能力差、词不达意的被问话人，记录人以合适的语言帮助其措辞表意是允许的，但必须把握好分寸，注意适度和恰当，防止过度和失真。

（二）问答式笔录语言的制约因素

一切事物和现象都存在于相互关联之中，都是在相互依赖中产生和变化的。问答式笔录也一样，制作中要受到诸多因素的制约。

1. 笔录主旨的制约

问答式笔录制作时在作者的头脑中并没有一个鲜明的主旨，预先的构思。我们通常要求写文章的"意在笔先"在这里完全不适用。我们通常写文章以表现主旨的需要来组织材料，安排结构。问答式笔录是讯问/询问过程的忠实记录，如果说实际工作中，问答式笔录中如何问，制作者尚能确定的话，被问话人如何答，制作者是无法确定的。也就是说，问话人事前可能有一个明确的问话目的，但这个目的能否达成，制作人是无法提前知晓的。因此，在整个制作过程中，作者心中并没有一个能够统率全篇的主题，更不可能根据表现主题的需要去增删材料，安排结构。

2. 材料来源的制约

问答式笔录的材料来自口语，口语较之书面语有其更复杂的一面。首先，口语是未经整理或缺少整理脱口而出的，随机性较强，叙述缺少层次性，句子常常不连贯、不完整，重复啰唆的语句多。这样的口语形成文字之后可读性很差，必须经过加工整理方可记入笔录中，记录者需要有选择和组织材料的思维过程。其次，口语常常伴随肢体语言。肢体语言是一种无声语言，要想将无声语言变成文字记录下来，记录者必须将有声语言和无声语言结合起来理解，方能使笔录的内容趋于完整和准确。最后，口语表达有可能使用方言，记录人必须熟练掌握方言与普通话的对应关系。一旦某方言词汇记录人不懂或者被问话人来自记录人不熟悉的方言区，笔录的制作就十分困难。因此，复杂多变的口语记录素材为问答式笔录的制作带来了一定的难度。

3. 记录时间的制约

问答式笔录的制作过程要求与问话过程基本同步，问话过程一终结，记录人就应将笔录交被问话人履行法律手续。因此，问答式笔录没有起草、修改、润饰的时间，它当场成文，一次性完稿。而说话的速率高于打字、书写的速率，根据科学定量分析，一般的讲话在每分钟 120~170 个字，最快的可达到每分钟 200 个字以上。而书写汉字平均每分钟只能写 11~22 个字，普通人的打字速度在每分钟 50~80 个字，所以用汉字记录汉语是追踪莫及的。这样，口语表达与书面记录速率不同，成为问答式笔录制作中的又一大制约因素。

4. 记录方式的制约

问答式笔录是根据问话实际情况自然组织文本材料的，其中有太多的随机性和偶发性，记录人对记录的内容、发展的方向不能先知或无法确知，每一次记录活动都是未知的，记录人必须集中精力，全神贯注，才能把应该记录的内容迅速记录下来。问答式笔录中的这种材料只能根据当时情况来确定、文本只能根据记录过程所遇到的随机性来确定的特性，再加上问话笔录的公开性和当场制作的一次性、共时性，对记录人来讲无疑具有一定的压力和挑战。

5. 被问话人的制约

问答式笔录中，被问话人不仅年龄、阅历、文化水平、知识结构、职业、身份、地区、民族不同，而且对事物的认识、理解和接受能力也不同，被询问人与案件的利害关系不同，对案件情况了解的程度不同；被讯问人是否犯罪以及犯罪性质、受审经历也有差异，他们对办案民警的态度也不相同，因此说，问话是一种典型的"背心型"[1] 会话，这就给记录人选择和组织语言、判断问答内容是否有记录的必要造成了一定的影响。

同时，由于被问话人的文化程度、性格及其心理因素的不同，口语表达能力也不同：有的人说话过于简略，不知所云；而有的人则东拉西扯，杂乱无章，不着边际，答非所问；还有的人缺少逻辑性，一个问题没讲完，就跳到另一个问题；有的人口齿不清，无法听清；有人说话节奏过快，还有人说话重复啰唆，颠三倒四。在听与记录同步转换的情景下，被问话人口语表达的水准也就成为重要的客观制约因素。

---

① 孙维张，吕明臣. 社会交际语言学. 吉林大学出版社，1996：90.

（三）问答式笔录语言的规范路径

制作问答式笔录过程中，问话双方的口语表述与记录人员的记录转换是同步进行的，记录人需要边听边记录听到的内容，这对记录人的语言驾驭能力提出了较高要求。克服上述笔录制作中的制约因素，调动耳、目、手、脑的全部功能，把问话双方所说的话语及情感动态全部反映到笔录中，需要记录人培养多方面的技能。

1. 提高记录的基础能力

问答式笔录是由记录人在现场边听边记、边观察边记录完成的，要求当场成文、一次成文，这就不同于其他文书的制作方式和过程，需要记录人培养多方面的技能。如果不具备制作问答式笔录的能力，记录时常出现没有听清楚或没来得及记上的主要内容，只好要么漏记，要么凭主观臆断补记，有时甚至把自己的思想加进去，虽然完成了问话过程的文字复制，但却无法作为证明案件的证据和侦查工作的依据。这些基础能力包括：

（1）听的能力。记录人不仅要善于听有条理的话，而且能听不太有条理，甚至相当紊乱的话，能较长时间耐心仔细地听取这样的说话，并把说话人的原话要点很快在自己脑海中形成清晰的认识，再不失原意地记在笔录中，这就要求具备长时间专注地听的能力。

（2）记忆的能力。说话时的声波稍纵即逝，因此人们在接受对方说话的过程中总是伴随一定的思维和记忆活动。记录人在记录过程中必须精神高度集中，没有一定的记忆能力强化自己的思维及记忆活动，是无法进行问答式笔录制作的。

（3）辨析的能力。记录人还要有迅速而准确地辨析关键性内容的能力。记录人在听的过程中需要边听边思考，做到精神保持高度集中，思路敏捷，反应快，记得准。既要思索对方刚讲过的内容，又要继续听取对方后边的说话内容，并迅速捕捉到其中的关键性内容，能在说话人的全部语言信息中判断筛选出必要的信息。现代心理实验证明，"一心"是可以二用的。

（4）归纳概括能力。用汉字记录汉语口语，无论如何都不可能做到有言必录，也没有必要有言必录，在口头语言中，多余的信息量非常多，去掉这些多余信息，就涉及归纳概括能力，也就是记录时经过自己的思维加工，用简短、准确的语言将对方的大段叙述概括出来。不具备这种能力，记录时只能一字一句地追，就会非常被动，这样制作的笔录，会导致该记的内容没来得及记下来，或者记录的句子前言不搭后语。

2. 提高驾驭语言的能力

问答式笔录是由记录人制作而不是由说话人制作的，记录人对话语内容的概括和总结，反映的却是说话人的思维或观念。记录人仅是理解人和制作人，而非思想、观念的产生人，记录人的理解、概括和总结，必须准确反映说话人本人的思想、观念，这就要求记录人具有较高的语言驾驭能力。

被问话人来自各个阶层、各个行业，他们的语言表述有各种层次、各种形态，记录人必须具备良好的语言素养和语言的敏感性，能较好地驾驭语言，能自如应对各种表达，顺利将有声口头语言转换成书面的记录语言。需要具备一定的词汇储备，要懂得常用词语的褒贬意义和感情色彩，了解常用近义词之间的细微差别；要掌握一定的语法修辞知识，能将支离破碎的口头语言迅速完成规范化转换，能对长句子进行精准压缩，能对语意不明的歧义词语进行准确替换。

俗话说"五里不同音，十里不同俗"，我国方言众多，要完成问答式笔录，还要熟悉当地方言土语，熟悉方言土语的语音，能听得懂、听得准；了解方言词语与普通话词语的对应，能够进行准确的翻译和转换。为了记得准，还要留意方言土语的写法，如果有对应的文字，适当记录可以传神地记录当事人的原话原意。

3. 掌握特殊情况的记录方法

问答式笔录要求真实还原问话时的实际情况，除了全面准确记录问答双方的语言之外，还要学会肢体语言、隐语等一些特殊情况的记录方法。

"情动于中必形于外"，肢体语言是口语表达中使用的表情、神态、动作、姿势等，在传递信息中起着不可忽视的作用。因而在书面记写中必须把被问话人的有关肢体语言转换为书面语言，才能保证记写的完整性。可以选取肢体语言的主要特征用简练的语言来反映，如使用"脸色苍白""左顾右盼""手脚发抖""叹息""沉默"等简略的词语来描述，揭示被问话人在供述中的心理变化以及认罪表现，对于侦查人员迅速找到讯问突破口，进一步挖掘犯罪事实，体现犯罪嫌疑人认罪态度有着非常重要的意义。

隐语又叫黑话，是犯罪分子为避免局外人了解其犯罪活动而使用的一种特殊的语言，具有隐秘性特点，当犯罪嫌疑人口供中出现的隐语反映了案件中关键性的情节和细节并与定性量刑、所负法律责任有关时，应按原话记录，但必须在所写的犯罪隐语的后面进行注释；当隐语与案情无直接关系或表述一般性问题时，记录时可把犯罪隐语直接译成普通话。

在审讯中，时常会出现犯罪嫌疑人答非所问的情况，对此，不能一概斥之为不老实而不予记录，应针对不同情况分别予以处理。如果是案情重大的犯罪嫌疑人，因处在特定的环境中，心理负担重，在回答问题时陷入回忆或下意识状态，表现为自言自语，没有听到讯问人提问，制作笔录时对案情有关或有用的进行记录，无关的则不记，以便于了解其内心的真实意思。如果属避重就轻、投石问路的，此类情况多为犯罪嫌疑人具有反侦查能力，寻找各种理由为自己开脱罪责，或试探讯问人对自己情况掌握的程度，制作笔录时应把答非所问的情况记上，便于在今后审讯中揭露其真面目，以免漏掉其他重要破案线索。

三、 记实式笔录语言的规范

记实式笔录用来记录案件现场看到、听到和接触到的情况，主要有现场勘验检查笔录、侦查实验笔录、搜查笔录、辨认笔录、尸体检验笔录、人身检查笔录、复验复查笔录等。记实式笔录同样是法定证据，对于全面弄清案件事实有着重要作用。

（一）记实式笔录语言的要求

记实式笔录客观描述有关案件事实和结果，是对案件现场等进行的客观详细记载。制作记实式笔录时，笔录语言必须做到：

1. 用语准确，内容客观

记实式笔录有其两重性：从外在表现看，它是词汇、语法有规则的组合；从内在意义看，它表达了证据的内容，体现了法律的作用，是法学和语言学的综合反映。制作记实式笔录，准确的语言转换是关键。

制作记实式笔录的过程，实际上就是将视觉信息转换为文字的过程，实物、空间等可视信息作为一种实在的物质，有形有色，不仅能被直观感知，而且可用言语和绘图加以表达。记实式笔录语言要准确把握转换的过程和要求，不仅使笔录简洁、顺畅、完整，而且使笔录准确表达客观事实，正确阐述法律精神，严谨体现证据作用，客观反映侦查人员的办案过程和质量。

记实式笔录用语的准确，就是用准确词语对现场情况等作精确记录，对于现场发现和提取的或需要固定的痕迹、物证，要用准确具体的数字说明，不使用"较近""不远""旁边""大致""大概""左右""估计""大约"等模棱两可、含糊不清的词语；不将判断性、推测性的意见载入笔录，这样才能保证笔录内容的客观真实性。

2. 用语平实，不求生动传情

记实式笔录语言不求生动，唯求平实。记实式笔录中的句式是枯燥的，只平铺直叙过程，只做客观、冷静的说明，看不出任何个人语言风格特点。同时还要求只表意，不传情，不流露主观感情色彩，不掺杂个人主观因素，排斥带有主观判断色彩的词汇，如"违法""非法""擅自"等，从而增强记实式笔录的严密性、客观性和准确性。

（二）记实式笔录语言的规范路径

以勘验检查笔录为代表的记实式笔录，记录的内容主要包括三类：一是犯罪分子作案的场所以及遗留有与犯罪有关的痕迹物品的场所；二是与犯罪有关的痕迹、物品的方向、位置及周围情况等；三是参与勘验检查人员的活动情况，如勘查人员的勘验活动，照相、录像人员的记录活动，见证人的见证过程等。这些内容都要求在笔录中用说明性文字进行客观描述。

1. 要将杂乱的信息条理化

对与案件有关的现场信息，不能杂乱无章地堆砌在笔录中，而应当使信息有序化。勘验检查笔录一般采用的记录顺序是现场—中心现场—现场实物。具体记写时从现场外部环境入手，继而记述现场的场地景况、空间配置、物品及摆放情况等，最后详尽记写现场中心的物质形态变化、特征及与犯罪有关的一切痕迹。具体顺序有多种可供选择：可以从外围到中心，或从中心到外围，或按顺时针方向，或按逆时针方向，或从静态到动态，或者与实地勘查的顺序相一致。如此才能言而有序，有效避免误记、漏记和重复记录，查阅时也更易于把握。记录顺序不等同于记录对象在时空中的自然存在形式，依照什么样的顺序进行记录，是记录者主观确定的，渗透着记录者的主观因素。恰当的记录顺序可以使现场杂乱的信息反映到笔录中体现出条理性，而不当的顺序会把阅读者引入迷宫。

在制作笔录时，还要注意实物信息呈现的层次性。与案件有关的实物所反映的信息，其层次性包括三个方面：一是实物存在的空间信息，二是实物存在的状态信息，三是实物的特征、属性信息。实物存在的空间信息是实物在案件现场或其他场所（如被搜查场所）的空间位置及关系信息，如凶器的位置、炸坑的位置、尸体的位置；实物存在的状态信息是被反映体对反映体直接发生作用的结果，并以反映体自身运动状态或内部结构机械的、物理的或化学的变化表现出来，如爆炸性的炸坑形态、实体的形态；实物的特征，即实物本身信息，是实物的形态、结构、质地、原料、工艺、技术等信息，实物的外在表现形式方面的特性，如物品的形状、大小、颜色、轻重等；实物的属性是实物的内在结构特性，包括构成要素、构成要素的结构等，如炸药的成分、毒物的构成元素等。

2. 要将重点的内容突显化

记录人员面对的记录对象"良莠不齐""鱼龙混杂"，有的和案件关系密切，有的和案件关系不大，有的则毫无意义。记实式笔录中，记录的是现场内容的部分而不是全部，一些与案件无关的事、物就可以不记录，当然，这种取舍的判断是记录人员作出的，所以，所谓的记实式笔录也不是绝对的，记录人员对案件的直觉和经验就显得至关重要。记录人员要准确作出判断和筛选，并将重点内容突显出来，使其能够成为分析、判明案情的重要依据，确定侦查方向和制作侦查工作方案的权威性文字资料，甄别口供、证实犯罪嫌疑人作案的有力证据。侦查人员在中心现场进行勘查所得到的与犯罪有关的情况需详尽记录，与案件关系不大的情况则略记，无关的内容可不记。现场不同，勘查重点也不同，笔录必须突出这个"重点"。

3. 要将实物的位置明确化

现场勘查笔录与现场图、现场录像同是现场实录之一种，同是刑事诉讼活动中的法定勘验、检查证据材料。也就是说，现场勘查笔录的内容，应该与现场图、现场录像的内容相一致、相印证。任何一个事物，既存在于时间之中，又存在于空间之中，而且还存在于它自身内部的以及它与外部的各种联系之中。所以，制作现场勘查笔录，需要用文字固定现场每一个物品的位置，否则它存在于笔录中就毫无意义。对实物信息和空间信息的记录，要求用简洁平实的语言反映实际情况的原貌，这就要求记录人有一定的语言驾驭能力，会使用简洁明晰、干净利落、平实贴切的说明性语言，而不是堆砌形容词之类的修饰语，还能准确使用专门术语，使文字记录不但准确无误，不生歧义，而且能使人身临其境。

四、 歧义语言的规范

所谓歧义，是一个句法结构的外部形式不变（包含的词或词的义项不变、词的排列顺序不变）却具有几种不同的解释。歧义是自然语言中长期普遍存在的一种现象，早在古希腊时期，哲学家亚里士多德就在其著作《工具论·辨谬篇》中探讨了自然语言的歧义问题，揭示出歧义产生的根本原因，在于意义的无限性与形式的有限性的矛盾。

（一） 歧义与多义辨析

歧义与多义是两个既有联系又有区别的概念，歧义与多义都指同一语言表达形式不止一个意义、一种理解的现象。它们的产生，就其物质基础——语言符号来说是相同的，都必须具备一定的语法关系或句法结构的条件，这是它们的共同点。然而，两者又有明显区别：

多义的存在是一种正常的语言现象，而歧义的产生势必影响人们的交际，属于一种语言病态。从语言学的角度来说，多义性是语言单位的一种特性，它使得有限的语言材料能适应千变万化的表达需要。因为就某一种语言来说，符号总是有限的，其排列组合的方式也是有限的，而语义的内容则是无穷无尽的，以有限的形式来表达无穷无尽的内容就必然会出现多义现象。这种多义现象并不可怕，一般也不会影响语言的交际功能。运用多义结构总是伴随一定的语言环境，在特定的语境中，多义结构往往化为单义结构。如果在特定语境中一个多义结构仍然可作多种理解，这时就产生了歧义。出现歧义，势必影响双方的沟通。

多义的存在是无条件的，而歧义的产生是有条件的。一般来说，歧义的产生要具有以下几个条件：一是句法上的，如词的功能类别、结构的多层次性等；二是语义上的，如词与词的多种搭配关系、逻辑上的施受同体等；三是语用上的，如对语义的合理解释提供多种可能性，即多种可能的情景对应。这三个条件互相制约，互相影响。如果不符合这些条件，歧义就不会出现。

多义的存在是静态的，而歧义的产生是动态的。多义是从静态的描写上看的，而歧义则是从动态的理解上看的。歧义之所以成为歧义就是因为人们在动态的理解上发生了分歧，在使用语言材料时产生了问题。"歧"本义是"岔道"，后来又有"不相同，不一致"之意，故"歧义"不仅指有几种不同意义，而且各意义之间是互相矛盾、不能相容的。

（二）歧义语言现象

由于语言歧义有较大的隐蔽性，因而时常被人们忽视。实践中公安法律文书的歧义现象形式主要有词汇歧义、语法歧义和语用歧义三类。

1. 词汇歧义

词汇歧义是指由于使用多义词而引起的歧义。汉语中有大量的多义词，这是汉语语言材料经济的表现。一般情况下，多义词进入交际之后便体现为单义，如果词语受到语境制约仍不能排除其多义性，仍可作两种以上的理解，便是词汇歧义。公安法律文书中，不当使用口语词会引起歧义。许多口头用语含义非常丰富，如"弄了一辆车"的"弄"，既可理解为"买""借"，也可以理解为"偷""抢"，等等。再如，"当时自行车没有锁"。这里的"没有"既可作动词用，又可作副词用；"锁"既可作名词用，又可作动词用。这样，这句话既可以理解为"自行车没有锁头"，又可理解为"自行车没有锁上"，这是词的功能类型不同而引起的歧义。

2. 语法歧义

语法歧义是指同一语法形式可以表示多种语法意义，这类歧义较词汇歧义更为多见。词语在相互组合的过程中形成不同的层次，而且某一词语在句子中可充当不同的成分，这样当然会造成歧义。例如，"王某因盗窃两次被拘留"，这个句子中，"两次"既可以作动词"盗窃"的补语，又可以作动词"拘留"的状语，因而使人难以确定究竟是"盗窃了两次"，还是"拘留了两次"。造成这种歧义的原因，主要是"两次"在句中的句法位置不当。再如，"王某和李某的妻子都去过现场"，由名词性成分构成的偏正结构，其修饰语和中心语之间可以有各种不同的语义关系，如领属关系、限制关系、描写关系等，上面这个句子的歧义是因领属关系不清楚造成的。"王某和李某的妻子"到底是"王某的妻子和李某的妻子"，还是"李某的妻子和王某"。其领属关系与非领属关系不能确定。

3. 语用歧义

语用歧义是指某一语句在使用之前，无论是从词汇上看，还是从语法上看，都不存在歧义，但在使用中，由于语境的作用而使它临时产生了歧义。例如，一份讯问笔录中这样记录讯问人的问话："在这以前用过刀吗?"这个句子本身并无歧义，但在这份笔录中这样记录，就有可能产生歧义，问的究竟是"在以前的生活中用过刀"呢，还是"在以前的犯罪中用过刀"呢。

（三）歧义语言的消除

事实上，歧义的修改、化解方法并不复杂，困难的是制作者常常难以发现自己文中的歧义问题，原因在于制作者想要表达的意思是单一的、明确的，作出歧解的是阅读者。

1. 加强语言基础知识的学习，提高书面表达水平

无论是出现词汇歧义，还是语法、语用歧义，归根结底都是制作者对语言基本知识理解不深、掌握不准导致的。制作者要加强这方面的学习，学习词汇、语义知识，在使用之前先弄清词语的意义，特别是多义词的多个义项，并自觉利用上下文进行制约，使多义词显示一义；学习语法知识，了解语言本身结构规律，了解语法形式与语法意义的关系，对于那些同形异构、同形异义的语法形式要慎用；学习语用知识，了解语言环境等语言之外的因素对语言的制约。

2. 加强口语记录技能的训练，提高驾驭语言的能力

歧义现象在问答式笔录中发生较多，并不是偶然现象。这是因为制作笔录中，要求制作者边听边思考，边记忆边书写，对听写能力、思维概括能力、记忆能力及书写速度都有较高要求，要避免在紧张的记录中出现语言歧义，就必须加强这方面的训练，提高对语言的归纳、综合、概括能力，能用准确精练的语言把大段叙述不失原意地记录下来；提高书写速度，避免句子不完整而造成的语言歧义；扩大词汇量，了解有关的法律专用词语、常用的有关术语及方言土语的含义，提高语言的应变能力。

3. 注意常见的多发的歧义病例，从中学会修改、化解的技巧

制作者要牢固树立严谨行文的意识，完成一份笔录后，要"回头看"，注意有无语言歧义；平时多留意歧义病例，对常见的、多发的歧义病例加以认真分析，从中发现规律，从而避免歧义的出现。

法律文书能力实际上是一种技能。按照波兰尼关于显性知识和缄默知识的分类，技能更多属于一种缄默知识，这种技术或技能的最大特点是通过遵循一套规则而达到的，但实施技能的人却不知道自己这样做了。① 技能的获得只能通过观察、模仿、练习和实践的方式，在实践中摸索，在做中学，在不断的练习中达到精熟。② 法律文书制作工作某种程度上就是这

---

① ［英］迈克尔·波兰尼. 个人知识——迈向后批判哲学. 许泽民译. 贵州人民出版社，2001：73.

② 袁广林. 警察职业素质论纲：专业化的视角. 中国人民公安大学学报，2007（4）：48.

样一种技术，它需要在掌握理论知识的基础上，在反复的实践中获取种种不可言说的实践经验。具有在实践活动中锻炼出来的"熟能生巧"的特点，是一种应用性很强的行为技巧，这种技巧性并不神秘，是在长期的侦查实践中培养和锻炼出来的。因此，办案民警只有在实践中不断积累经验，才能对不同种类的文书驾轻就熟，对不同性质案件的特点和重点有准确的把握，使文书语言规范准确。

第三节
警察执法中的告知语言规范

警察执法中的告知，是指警察在执法过程中依据法定程序和要求，将法律规定的权利义务告知当事人的法律行为，包括权利告知、责任义务告知和知情告知三种。尤其是权利告知是公安机关执法流程中的必经环节，是考量警察执法行为公正性、合法性的重要指标，是衡量公安机关执法规范化、专业化、标准化水平的重要标尺。我国《行政处罚法》《行政诉讼法》《行政复议法》《治安管理处罚法》《国家赔偿法》规定当事人享有陈述权、申辩权、请求听证权、申请复议权、要求赔偿权等权利；我国《刑事诉讼法》亦规定，在公安机关刑事侦查阶段，犯罪嫌疑人依法享有控告权、申请回避权、饮食及休息权、如实供述从轻减轻处罚权、认罪认罚从宽处理权、案件知情权等权利。民警在行政执法和刑事执法中，负有将这些权利告知当事人的义务，没有权利告知程序作为前提和基础，法律规定的当事人享有的这些权利就会徒有虚名。但是，法律设定了权利告知程序，民警履行了权利告知义务，并不意味着当事人的权利就得到了保障，只有当事人真正理解自己享有权利的内容，才能在公安机关即将展开的执法活动中有效地行使自己的权利，而权利告知的内容能否被理解和懂得，与民警在履行权利告知义务过程中所使用的语言密切相关。

一、 警察执法中告知语言的要求

（一） 可理解性是其天然属性

从信息论角度来看，告知就是将信息从一方主体传递给另一方主体，使另一方主体了解、认识的过程，告知也就是将与权利、责任义务以及案件情况等有关信息从一方传递给另一方的过程。在民警履行告知义务的过程中，实际上有双向的要求："告"，是告诉、通知，是要求通过履行法定义务，来完成各种形式及不同内容的"告"；"知"，是了解、懂得，是要求被告知人不仅接触到"告"的内容，而且要达到领会、懂得的"知"的程度。因此，可理解性是警察执法告知语言的天然属性。

告知语言的可理解性在国际上一直是法律语言学家关注的焦点，美国著名的"米兰达警告"的措辞就曾遭到质疑。美国法律心理学家 T. Grisso 博士就曾对其可理解程度进行了专门测试，他通过社会学实验对 400 名青少年犯罪嫌疑人的米兰达权利理解、米兰达词汇理解、米兰达权利辨识、米兰达权利的功能进行了测试，最终测试结果显示，仅有 20% 的受测试青年能够充分理解米兰达的四条警告，仅有 36% 的受测试青年能够完全理解米兰达警告中的所有词汇。[1] 受到学术界的质疑后，司法界对米兰达警告进行了语言上的修改和简化，修改后的米兰达警告虽然篇幅有所加长，但理解难度大幅度降低[2]。

告知语言的重要性在我国也已逐渐被认识到，我国《刑事诉讼法》规定，人民法院、人民检察院和公安机关"对于不通晓当地通用的语言文字的诉讼参与人，应当为他们翻译"，这是对诉讼语言的原则性规定；2003年，最高人民检察院公布了《关于在检察工作中防止和纠正超期羁押的若干规定》，要求"完善告知制度"，规定办案人员进行讯问时要用犯罪嫌

---

① 林喜芬.论侦查程序中的权利告知及其法律效力.中国刑事法杂志，2008（11）：78.
② 袁传有.由美、英、中警察告知语言分析看中国警察告知体系的建构修辞学习，2005（1）：12.

人能听（看）懂的语言和文书告知其相关权利和义务，这是我国法律法规中首次明确对告知语言提出要求。但是由于其他行政执法、刑事执法中对告知还没有作硬性规定，对告知语言没有作具体要求，目前民警在实际履行告知义务时，普遍存在随意性较大、敷衍性较强、语言可理解性较差的问题，使当事人在不了解或不理解自身权利的情况下，草率放弃了其法定权利。犯罪嫌疑人更是在无法正确理解自己的权利和义务的情况下，为"抓住眼前私利而放弃了法定权利：为使自己的犯罪事实能守口如瓶，放弃聘请律师代理辩护的权利；为获取某个侦查人员的好感，放弃申请其回避的权利；因担心侦查人员打击报复，放弃要求改正讯问笔录的权利；为迎合侦查人员急于破案的心理，放弃请求翻译人员做翻译的权利"。[①] 2018年新修订的《刑事诉讼法》纳入认罪认罚从宽制度，立法鼓励犯罪嫌疑人侦查阶段认罪认罚，但公安机关在相关告知中"缺斤短两"[②]，对何为认罪，何为认罚，何为从宽，没有明确充分地告知，致使"认罪认罚从宽"待遇落空。

（二）通俗化是其根本要求

警察执法中的告知方式有书面告知和口头告知两种方式。书面告知是采用将权利、义务内容印制成文本，让被告知人阅读或向被告知人宣读的方式。警察执法中使用的书面告知主要有三类，一是独立成文的权利义务告知书，如刑事执法中使用的《犯罪嫌疑人诉讼权利义务告知书》，行政执法中使用的《行政案件权利义务告知书》；二是将权利告知内容印制在相关文书中，如在《行政处罚决定书》中告知申诉权、复议权、诉讼权，在《公安交通管理行政强制措施凭证》中告知复议权、诉讼权以及接受处理的义务；三是既有事先印制好的书面告知内容，也有当场询问时所作的笔录，如《行政处罚告知笔录》虽称为笔录，但拟作出行政处罚决定的事实、理由、依据以及陈述权、申辩权、听证权等主要告知内容是事先印制

---

① 周祝一．从法定权利到刑事司法"告知"义务的履行．贵州民族学院学报（哲学社会科学版），2005（3）：68.

② 卢志坚，梅静，仪萱．防止认罪认罚相关告知"短斤缺两"．检察日报，2019-4-3（2）.

好的，笔录部分只是记载询问是否提出陈述、申辩，是否要求听证等情况，因此这种方式的权利告知也应该归为书面告知。不管哪种类型的书面告知语言，其核心要义都应该是通俗易懂，因为告知语言的受众是普通群众，而不是法律工作者，由于受年龄、智力、受教育程度以及对法律术语的知晓程度等条件的制约，专业性较强的词语、结构复杂的句式都可能影响到他们对自己权利义务的准确理解。米兰达警告修改后之所以语言理解难度大幅度降低，主要得益于使用许多通俗口头词语代替了原来的书面化抽象概念及法律术语，用一些短句代替了原来句法结构复杂的句子。①

二、 警察告知语言规范体系的建构

近年来，随着公安机关执法规范化建设的不断深化，警察执法中的告知程序得到越来越严格的履行和规范。但值得注意的是，办案过程中常常出现的情况是，虽然按要求履行了告知义务，但由于告知语言晦涩难懂，当事人实际上并没有真正理解其内涵，也就不能有效行使法律赋予的权利。如书面告知句式结构复杂，口头告知直接使用"控告""回避""听证"等专业术语，没有法律专业背景的人很难确切了解其内涵，实际上是只履行了"告"的程序，而没有考虑当事人能否"知"，使"告知"成为"告而不知"。因此，我们看到在实际案卷记录中，当被问到"是否要求听证""是否申请回避"时，回答几乎无一例外都是"不要求""不申请"。

在法治发达的国家和地区的法律制度中，告知制度已经形成较为健全的法律规范，发展成由各种规则组成的有机联系的统一整体。② 在告知语言方面，一般都要求通过口头语言或书面方式保证告知能够达到清晰完整、明确无误的境界，即"恰当"的效果。例如，我国台湾地区强调告知必须达到确保被告知人能够清楚知悉的程度，要求侦查机关绝不能仅做

---

① 袁传有. 由美、英、中警察告知语言分析看中国警察告知体系的建构. 修辞学习，2005（1）：13.

② 郝庆丽. 刑事诉讼权利告知问题研究——以被追诉者为中心. 中国政法大学硕士学位论文，2007.

"标语式的告知"；美国的"米兰达规则"，不但有严格的标准用语，而且有法律语言学家专门测评研究其可理解程度，并不断加以修改和完善。①而我国相关法律中仅有要求公安机关"应当告知"这样的原则性规定，没有将这一抽象的原则性规定落实为具体的条款和程序，更没有像"米兰达规则"那样的经过反复推敲的告知语言规范标准。公安部在《刑事法律文书格式》中制定的《犯罪嫌疑人诉讼权利义务告知书》《被害人诉讼权利义务告知书》《证人诉讼权利义务告知书》，是将《刑事诉讼法》中的相关法律条文直接移植过来的，没有经过立法语言向司法语言的转换，存在语言不通俗、可理解性差的问题。

因此，建立统一的告知语言规范体系十分必要。警察告知语言规范体系应包括法定的告知内容、统一的告知形式和统一的用语模式。可以将零散分布在不同法律、法规中需要公安机关履行的告知内容，按照不同警种、不同执法环节进行整合，并明确每项告知内容所要求的告知形式，然后再为每项告知内容设计统一的用语模式。这样标准化的告知规范体系可以有效避免民警实际表述中的敷衍性和随意性，从而真正实现保护当事人权利的法律价值。

在这一体系构建过程中，制定标准化的用语模式是一个难点，也是需要反复斟酌推敲的，因为如果规范标准制定得不合理、不科学，不但会导致其无法推行，而且会给民警执法带来困扰。制定这些用语模式时，一是需考虑语言学方面的规律和原则。总体设计应统一、严整，这样不但可以避免烦琐，使民警能够快速掌握，而且可以增加规范的严谨性和权威性。二是要考虑到接受对象的理解力与接受程度，将一些难理解的专业术语和法律名词通俗化，使无论是书面告知还是口头告知都具有可理解性。三是口头告知和书面告知要遵循不同的用句规律，使书面告知具有可读性，易于被告知人阅读理解；口头告知应具有易表达性，易于民警口头表述；句类选择上应考虑双向互动性，将陈述句和祈使句转换为疑问句，来增强告

---

① 袁传有. 由美、英、中警察告知语言分析看中国警察告知体系的建构. 修辞学习，2005（1）：12.

知语言的对话性。

同时，还需要从制度层面强化办案民警尊重告知程序的意识。告知程序标准体系中明确各个执法环节履行告知程序的操作标准、具体要求以及违反程序的法律责任，以部门规章的形式加以规定，帮助民警确立规范的程序观念，使其充分认识告知程序在执法乃至法治化进程中的重要意义。并通过加强警务督察和法治检查，保证民警正确和充分地履行了告知职责。同时，要加强这方面法律常识的普及，让当事人能够知法、懂法，并勇于利用法律武器来保护自己的合法权益。有的地方的看守所在认罪认罚从宽制度试点中，尝试将犯罪嫌疑人、被告人享有的诉讼权利、认罪认罚从宽具体含义、立法规定等释明内容纳入看守所的管理体系中，通过视频、音频系统在看守所内轮番播放，甚至通过案例形式进行讲解、普法，①就是很好的尝试。

三、 警察执法告知语言范式探索

现行的书面告知和口头告知都存在用语晦涩难懂的问题，为使告知语言具有可理解性，警察执法中书面告知语言应通俗化，口头告知语言应模式化。

（一）书面权利义务告知范式

2021 年，为贯彻修改后的《刑事诉讼法》和《公安机关办理刑事案件程序规定》，公安部对《公安机关刑事法律文书式样（2012 版）》中的部分法律文书式样进行了修改和补充。修订后的《犯罪嫌疑人诉讼权利义务告知书》《被害人诉讼权利义务告知书》《证人诉讼权利义务告知书》在用词的通俗性上有了很大改进，但其语言表述远远没有达到通俗易懂的程度。

现行的《犯罪嫌疑人诉讼权利义务告知书》内容如下：

---

① 林慧翔 . 认罪认罚从宽制度下的告知义务 . 江西警察学院学报，2019（6）：126.

犯罪嫌疑人诉讼权利义务告知书

根据《中华人民共和国刑事诉讼法》的规定，在公安机关对案件进行侦查期间，犯罪嫌疑人有如下诉讼权利和义务：

1. 不通晓当地通用的语言文字时有权要求配备翻译人员，有权用本民族语言文字进行诉讼。

2. 对于公安机关及其侦查人员侵犯其诉讼权利和人身侮辱的行为，有权提出申诉或者控告。

3. 对于侦查人员、鉴定人、记录人、翻译人员有下列情形之一的，有权申请他们回避：（一）是本案的当事人或者是当事人的近亲属的；（二）本人或者他的近亲属和本案有利害关系的；（三）担任过本案的证人、鉴定人、辩护人、诉讼代理人的；（四）与本案当事人有其他关系，可能影响公正处理案件的。对于驳回申请回避的决定，可以申请复议一次。

4. 自接受第一次讯问或者被采取强制措施之日起，有权委托律师作为辩护人。如在押或者被监视居住，公安机关应当及时转达其委托辩护人的要求；也可以由其监护人、近亲属代为委托辩护人；依法同辩护律师会见和通信。因经济困难或者其他原因没有委托辩护人的，本人及其近亲属可以向法律援助机构提出申请。对于未成年人，盲、聋、哑人，尚未完全丧失辨认或者控制自己行为能力的精神病人，以及可能判处无期徒刑、死刑的犯罪嫌疑人，没有委托辩护人的，有权要求公安机关通知法律援助机构指派律师提供辩护。犯罪嫌疑人没有委托辩护人，法律援助机构也没有指派律师提供辩护的，有权约见值班律师，获得法律咨询、程序选择建议、申请变更强制措施、对案件处理提出意见等法律帮助。

5. 在接受传唤、拘传、讯问时，有权要求饮食和必要的休息时间。

6. 本人及其法定代理人、近亲属或者辩护人有权申请变更强制措施；对于采取强制措施届满的，有权要求解除强制措施。

7. 对于侦查人员的提问，应当如实回答。但是对与本案无关的问题，有拒绝回答的权利。在接受讯问时有权为自己辩解。如实供述自己罪行的，可以从轻处罚；因如实供述自己罪行，避免特别严重后果发生的，可以减轻处罚。

8. 犯罪嫌疑人自愿如实供述自己的罪行，承认指控的犯罪事实，愿意接受处罚的，可以依法从宽处理。

9. 有核对讯问笔录的权利；如果没有阅读能力，侦查人员应当向其宣读笔录。笔录记载有遗漏或者差错，可以提出补充或者改正。可以请求自行书写供述。

10. 未成年犯罪嫌疑人在接受讯问时，有要求通知其法定代理人到场的权利。女性未成年犯罪嫌疑人有权要求讯问时有女性工作人员在场。

11. 聋、哑的犯罪嫌疑人在讯问时有要求通晓聋、哑手势的人参加的权利。

12. 有权知道用作证据的鉴定意见的内容，可以申请补充鉴定或重新鉴定。

13. 依法接受拘传、取保候审、监视居住、拘留、逮捕等强制措施和人身检查、搜查、扣押、鉴定等侦查措施。

14. 公安机关送达的各种法律文书经确认无误后，应当签名、捺指印。

15. 知悉案件移送审查起诉情况。

这一权利义务告知书主要存在以下不足：

1. 用语不一致

例如，同样表述权利，有的用"有权……"，有的用"有……的权利"，而第 15 条，既没有用"有权……"的句式，也没有用"有……的权利"，造成了句式的不统一。

2. 句子结构复杂，长句较多，造成认识困难

例如，第 2 条表述为"对于公安机关及其侦查人员侵犯其诉讼权利和

人身侮辱的行为，有权提出申诉或者控告"。立法语言中常用介词"对于"
与其他词语组成介词结构指示行为对象或行为关涉范围①，使用"对于"
句使得立法语言准确而严谨，但"对于"句往往为了表达的需要，"对于"
之后的成分较复杂，容易带来阅读上的困难，所以，"对于"句并不适用
于告知书这样的司法文书。上述第 2 条做介词"对于"的宾语是一个偏正
词组，这个偏正词组中限制"行为"的是"公安机关及其侦查人员侵犯其
诉讼权利和人身侮辱"这个主谓句，也就是说，做句子成分的不是词、词
组而是句子，造成句子内部结构复杂，给理解带来了困难。

3. 权利义务交错混杂，造成理解困难

《犯罪嫌疑人诉讼权利义务告知书》共 15 条，列出了犯罪嫌疑人依法享有
的 13 项权利和 3 项义务，但这些权利和义务交错混杂，一条当中既有权利又有
义务，如第 7 条；有的属于同一类权利，却分列两条，如第 10 条、第 11 条。

4. 先后排列顺序不尽合理

如未成年犯罪嫌疑人要求法定代理人到场的权利，被列为第 10 条，而
事实上，未成年犯罪嫌疑人在讯问开始前应知道自己有这项权利，这对保
护犯罪嫌疑人的合法权益至关重要。

5. 使用第三人称而非第二人称，造成阅读心理隔膜

告知应该是直接的、面对面的，应使用第二人称，而《犯罪嫌疑人诉
讼权利义务告知书》中通篇称"犯罪嫌疑人"或使用第三人称代词
"其"，使得语气生硬，不具有对话性。

为此，笔者尝试将《犯罪嫌疑人诉讼权利义务告知书》修改为：

犯罪嫌疑人诉讼权利义务告知书

根据《中华人民共和国刑事诉讼法》的规定，在公安机关对
案件进行侦查期间，你有如下权利和义务：

一、你享有的权利：

1. 使用本民族语言诉讼权。如果不通晓当地通用的语言文

---

① 王洁.法律语言学教程.法律出版社，1997：62.

字，有权要求配备翻译人员；有权用本民族语言文字进行诉讼。

2. 要求提供法律帮助权。自接受第一次讯问后或者被采取拘传、取保候审、监视居住、拘留、逮捕等强制措施之日起，你有权委托律师作为辩护人。如果在押或者被监视居住，公安机关应当及时转达你委托辩护人的要求；也可以由你的监护人、近亲属代为委托辩护人；你有权依法同辩护律师会见和通信。如果你因经济困难或者其他原因没有委托辩护人，你或者近亲属可以向法律援助机构提出申请。你如果是未成年人，盲、聋、哑人，尚未完全丧失辨认或者控制自己行为能力的精神病人，以及可能判处无期徒刑、死刑的犯罪嫌疑人，没有委托辩护人，有权要求公安机关通知法律援助机构指派律师提供辩护。如果你没有委托辩护人，法律援助机构也没有指派律师提供辩护，你有权约见值班律师，获得法律咨询、程序选择建议、申请变更强制措施、对案件处理提出意见等法律帮助。

3. 申请回避权。如果侦查人员、鉴定人、记录人、翻译人员属于下列情形之一，有权申请他们回避：（一）是本案的当事人或者是当事人的近亲属的；（二）本人或者他的近亲属和本案有利害关系的；（三）担任过本案的证人、鉴定人、辩护人、诉讼代理人的；（四）与本案当事人有其他关系，可能影响公正处理案件的。如果回避申请被驳回，有权申请复议一次。

4. 要求相关人到场权。在接受讯问时，如果你是未成年犯罪嫌疑人，有权要求通知法定代理人到场；如果你是女性未成年犯罪嫌疑人，有权要求有女性工作人员在场；如果你是聋、哑的犯罪嫌疑人，有权要求通晓聋、哑手势的人参加。

5. 自我辩解和拒绝回答无关问题权。公安机关侦查人员依法对你进行讯问时，你有权为自己辩解；如果提出的问题与本案无关，有权拒绝回答。

6. 饮食及休息权。在接受传唤、拘传、讯问时，有权要求饮食和必要的休息时间。

7. 如实供述从轻减轻处罚权。接受讯问时你如果能如实供述自己罪行，可以从轻处罚；因如实供述自己罪行，避免特别严重后果发生的，可以减轻处罚。

8. 认罪认罚从宽处理权。如果自愿如实供述自己的罪行，承认指控的犯罪事实，愿意接受处罚，可以依法从宽处理。

9. 核对讯问笔录权。公安机关侦查人员依法讯问结束后，你有权对笔录进行核对，如果你没有阅读能力，侦查人员应当向你宣读；如果讯问笔录记载有遗漏或者差错，你有权提出补充或者改正。有权要求自行书写供述。

10. 申请变更、解除强制措施权。你以及法定代理人、近亲属或者辩护人有权申请变更强制措施；如果采取的强制措施届满，有权要求解除强制措施。

11. 案件知情权。有权知道用作证据的鉴定意见的内容，可以申请补充鉴定或重新鉴定；有权知悉案件移送审查起诉情况。

12. 控告权。如果公安机关及其侦查人员侵犯了你的诉讼权利或者对你有人身侮辱的行为，你有权向上级公安机关提出申诉或者控告。

二、你应承担的义务：

1. 如实回答的义务。对于公安机关侦查人员的提问，应当如实回答。

2. 确认签名的义务。对讯问笔录、勘验检查笔录、搜查笔录、扣押物品文件清单以及送达的各种法律文书，确认无误后，应当逐页签名、捺指印。

3. 接受侦查措施的义务。应当依法接受拘传、取保候审、监视居住、拘留、逮捕等强制措施和人身检查、搜查、扣押、鉴定等侦查措施。

与现行的《犯罪嫌疑人诉讼权利义务告知书》相比，重点作了以下调整：

1. 修改题目，将权利义务分开

以"你享有的权利""你应承担的义务"为题，将权利义务分开排列，使得权利与义务条分缕析，一目了然。

2. 将权利进行了整合

第10条、第11条是犯罪嫌疑人接受讯问时有权要求相关人到场的不同情形，可以合并；第12条、第15条都属犯罪嫌疑人对案件情况的知悉权利，可以合并。

3. 将权利先后顺序进行了调整

《犯罪嫌疑人诉讼权利义务告知书》是犯罪嫌疑人在被采取强制措施后或被侦查人员第一次讯问时阅读的，他应该首先了解自己在已经被采取强制措施后享有第1~4条的权利：使用本民族语言诉讼权、要求提供法律帮助权、申请回避权、要求法定代理人等到场权。其次了解在即将开始的讯问中享有第5~9条的权利：饮食及休息权、自我辩解和拒绝回答无关问题权、如实供述从轻减轻处罚权、认罪认罚从宽处理权、核对讯问笔录权。最后了解之后享有第10~12条的权利：变更解除强制措施权、案件知情权、控告权。这样的顺序应该更为科学合理。

4. 对每一项权利义务先概括其名称然后作具体解释

概括名称是为了与法律文本相一致，因普通百姓对法律术语不能准确理解，所以通过接下来的解释说明使其了解每项权利义务的具体内容。

5. 改第三人称为第二人称

将原来的"犯罪嫌疑人""其"换作"你"，增强对话性和针对性。

6. 化复杂句为简单句，降低阅读难度

将结构层次复杂的"对于"句，改为由"如果"引导的假设复句，化复杂句为简单句，使权利内容及其假设条件条理分明。

7. 统一句式

享有的权利全部表述为"有权……"

对刑事法律文书式样中的《被害人诉讼权利义务告知书》和《证人诉讼权利义务告知书》也可以采用同样的思路进行整合，修改为：

被害人诉讼权利义务告知书

根据《中华人民共和国刑事诉讼法》的规定，在公安机关对案件进行侦查期间，你有如下权利和义务：

一、你享有的权利：

1. 使用本民族语言诉讼权。如果不通晓当地通用的语言文字，你有权要求配备翻译人员，有权用本民族语言文字进行诉讼。

2. 申请回避权。如果侦查人员、鉴定人、记录人、翻译人员属于下列情形之一，你有权申请他们回避：（一）是本案的当事人或者是当事人的近亲属的；（二）本人或者他的近亲属和本案有利害关系的；（三）担任过本案的证人、鉴定人、辩护人、诉讼代理人的；（四）与本案当事人有其他关系，可能影响公正处理案件的。如果回避申请被驳回，有权申请复议一次。

3. 要求监护人到场权。在接受询问时，如果你是未满18周岁的未成年人，有权要求通知你的父母或者其他监护人到场。

4. 核对询问笔录权。公安机关办案民警依法询问结束后，你有权对笔录进行核对，认为记载有遗漏或者差错，有权提出补充或者改正。有权要求自行书写亲笔证词。

5. 提起附带民事诉讼权。如果被告人的犯罪行为使你遭受物质损失，你有权提起附带民事诉讼。

6. 案件知情权。你有权知道用作证据的鉴定意见的内容，有权申请补充鉴定或重新鉴定。

7. 申请保护权。如果你因为在诉讼中作证，人身安全面临危险，有权要求公安机关对本人或者近亲属予以保护。

8. 申请复议复核权。公安机关对你的报案作出不予立案的决定，你如果不服，有权申请复议、复核。如果你认为公安机关对应当立案侦查的案件不立案侦查，有权向人民检察院提出。

9. 控告权。如果公安机关及其侦查人员侵犯了你的诉讼权利或者对你有人身侮辱的行为，你有权向上级公安机关提出申诉或者控告。

二、你应承担的义务：

1. 如实作证的义务。你如果知道案件情况，有作证的义务。并且应当如实提供证据、证言，有意作伪证或者隐匿罪证应负相应的法律责任。

2. 确认签名的义务。你对询问笔录进行核对、确认无误后，应当在询问笔录上逐页签名、捺指印。

证人诉讼权利义务告知书

根据《中华人民共和国刑事诉讼法》的规定，在公安机关对案件进行侦查期间，你有如下权利和义务：

1. 使用本民族语言诉讼权。如果不通晓当地通用的语言文字，你有权要求配备翻译人员，有权用本民族语言文字进行诉讼。

2. 要求监护人到场权。在接受询问时，如果你是未满 18 周岁的未成年人，有权要求通知你的父母或者其他监护人到场。

3. 核对询问笔录权。公安机关办案民警依法询问结束后，你有权对笔录进行核对，如果认为记载有遗漏或者差错，有权提出补充或者改正。有权要求自行书写亲笔证词。

4. 申请保护权。如果你因为在诉讼中作证，人身安全面临危险，有权要求公安机关对本人或者近亲属予以保护。

5. 控告权。如果公安机关及其侦查人员侵犯了你的诉讼权利或者对你有人身侮辱的行为，你有权向上级公安机关提出申诉或者控告。

二、你应承担的义务：

1. 如实作证的义务。你如果知道案件情况，有作证的义务。并且应当如实提供证据、证言，有意作伪证或者隐匿罪证应负相应的法律责任。

2. 确认签名的义务。你对询问笔录进行核对、确认无误后，应当在询问笔录上逐页签名、捺指印。

公安机关办理行政案件中，还会用到《行政案件权利义务告知书》，虽属非制式文书，但各地使用的这一告知书内容、格式基本相同①，同样可以将《行政案件权利义务告知书》修改为：

行政案件权利义务告知书

根据《中华人民共和国治安管理处罚法》《公安机关办理行政案件程序规定》以及其他相关法律、法规、规章的规定，在公安机关办理行政案件调查取证期间，你有如下权利和义务：

一、你享有的权利：

1. 使用本民族语言权。在接受公安机关调查询问期间，你有权使用本民族的语言文字；如果不通晓当地通用的语言文字，有权要求配备翻译人员。

2. 申请回避权。如果公安机关负责人、办案人民警察、鉴定人、翻译人员属于下列情形之一，你有权申请他们回避：（一）是本案的当事人或者当事人的近亲属；（二）本人或者其近亲属与本案有利害关系；（三）与本案当事人有其他关系，可能影响案件公正处理；（四）是本案的证人或者鉴定人。

3. 要求监护人等到场权。在接受询问时，如果你是未成年人，有权要求通知你的父母或者其他监护人参加询问；如果你是聋、哑的被询问人，有权要求通晓手语的人提供帮助。

4. 陈述申辩及拒绝回答无关问题权。在接受公安机关调查询问期间，你有权进行陈述和为自己辩解；对与案件无关的问题，你有权拒绝回答。

5. 核对询问笔录权。公安机关办案民警依法询问结束后，你有权对笔录进行核对，认为笔录有误或者遗漏的，有权要求补充或者更正。如果你没有阅读能力，办案人民警察应当向你宣读。有权要求提供书面材料。

---

① 孙茂利. 公安机关行政案件示范案卷指南（2014 版）. 中国民主法制出版社，2014：40.

6. 要求保密权。对涉及国家秘密、商业秘密或个人隐私的，你有权要求公安机关予以保密。

7. 控告权。如果公安机关及其人民警察对你有侵犯权利或者人身侮辱的行为，以及不严格执法或者其他违法违纪的行为，你有权向上一级公安机关或者人民检察院、行政监察机关检举、控告。

二、你应承担的义务：

1. 如实回答的义务。对于公安机关办案民警的提问，你应当如实回答，如实提供证据、证言，故意作伪证或者隐匿证据将承担相应的法律责任。

2. 确认签名的义务。你对询问笔录进行核对、确认无误后，应当在询问笔录上逐页签名、捺指印。

（二）口头权利义务告知范式

除了书面告知方式外，警察执法中还常采用口头方式将权利、义务内容当面告知当事人。实践中，除行政处罚中的简易程序，由于违法行为轻微，执法时间较短，只作口头告知外，其他口头告知的情况一般会在同步制作的笔录中加以记载。从查阅的《询问笔录》《讯问笔录》实例中记录的权利告知情况来看，口头告知同样存在告知语言难理解的问题。

例如，

1. 你因涉嫌某某罪，被我公安局刑事拘留，你享有自行辩护权和聘请律师为你提供法律咨询、代理申诉、控告的权利，你是否要求？

2. 你的行为违反了《中华人民共和国治安管理处罚法》的规定，现依法对你实行罚款二千元的处罚，你是否要求听证？

3. 对与本案无关的问题，你有拒绝回答的权利。

4. 根据《中华人民共和国治安管理处罚法》第八十一条第一

款之规定，你有权申请办案人员回避，你是否提出申请？

    5. 我们是某某公安局的，现依法对你进行询问，你要如实提供证言，伪造、隐匿、毁灭证据或者提供虚假证言要负法律责任，听清楚了没有？

实例中，口头告知的词语同样主要来源于法律文本，对"涉嫌""伪造""隐匿""自行辩护""申请回避""听证"这些法律术语没有作任何解释；虽然增加了简短问句，但没有询问当事人是否明白，就直接问"是否要求""是否申请"。

口头告知应该使用比书面告知更加贴近受众、更加通俗的口语词汇。例如，可以用通俗词语"被怀疑、问话、为自己辩解、找律师帮你打官司、提供帮助"，代替"涉嫌、讯问、自行辩护、法律咨询、代理申诉、控告"等法律术语；对"申请回避""要求听证"等法律术语也应该作相应的解释，以达到句意浅显易懂的效果。

设定统一的口头告知语句模式，是避免口头表达随意性、提高口头告知规范性的有效方法。笔者尝试将警察执法中的口头告知设计为四种模式：

模式一：权利内容+简短问句

这种模式适用于权利内容较易理解的情况，只需用通俗易懂的语句说明权利内容，最后追加简短的问句"明白吗？""听清楚了吗？"即可。例如，上述例1可以修改为：

    1. 你因被怀疑犯有某某罪，被我公安局刑事拘留。你可以为自己辩解，也可以找律师给你提供帮助、帮你打官司，明白了吗？

模式二：权利内容+解释说明+简短问句

这种模式适用于权利内容中有普通群众难理解的法律术语，而且找不到合适的通俗词语替代，需要作出解释说明的情况。例如，上述例2中的"听证"就须作出解释：

2. 你因违反了《中华人民共和国治安管理处罚法》，现在依法对你罚款二千元，你可以要求举行听证。听证中，你可以在法制部门的主持下，对我们认定的违法事实、证据、准备作出的处罚提出不同意见，明白了吗？你要求听证吗？

模式三：权利内容+假设条件+简短问句

这种模式适用于享有的权利有假设前提的情况。汉语习惯先说假设条件，再说结果，但让当事人先听到假设句的内容，容易使之关注于假设条件而听不清权利内容，因此，可以打破汉语表达常规，将"如果"引导的假设条件置后：首先表明相关权利的内容，其次说明行使该项权利的条件（如例3），如果条件句较长，可以在其后将权利内容作解释说明（如例4）：

3. 你可以拒绝回答我们的提问，如果你认为我们的问题和这个案件没有关系，明白了吗？

4. 根据《中华人民共和国治安管理处罚法》第八十一条第一款的规定，你有权申请回避。如果你认为我们两个办案人中，谁可能和这个案件有牵连，可以提出来不让他办理这个案件。明白了吗？

模式四：义务内容+违反后果+简短问句

这种模式适用于义务告知。它先强调义务内容，然后说明不尽义务的后果，符合中国人说话、听话的习惯。例如，上例5可以修改为：

5. 我们是某某公安局的，现在依法向你问话，你应该如实说明你知道的情况，如果故意说假话，将承担作伪证的法律责任。听清了没有？

权利告知并非形式上所体现的由公安机关向当事人宣读几项法律条文那么简单，它应该具有更丰富的内涵：在不同阶段全面履行对应的告知义务，选择适当语言向当事人宣读，对相关法律术语进行必要的解释说明等，均为告知程序的题中应有之义，这也已经成为公安机关深化执法规范化建设的重要内容。公安机关只有重视权利告知语言的研究与应用，提高告知语言的科学性、合理性，才能通过人民警察的执法行为将当事人的法定权利转化为现实权利，人民警察规范执法的法律效果与社会效果也才会显现。

第四节
警察执法中的模糊语言规范

警察执法的过程，是一个实现法律规范的过程，也是一个警察权力运行的过程，因此一般认为，严谨性和精确性是警察执法语言的本质特征，执法语言的模糊属性往往被忽略，甚至成为批判的对象。但实际上，模糊语言在警察执法中有其存在的必然性和合理性，某些情况下，甚至起着精确语言无法替代的作用。因此，关注并重视警察执法中的模糊语言，恰当使用模糊语言，对提高警察的执法效果具有积极意义。

一、"模糊语言" 认识

所谓模糊语言，即指在现实生活中不能以是非概念作判断的、所指范围的边界不确定的语言[①]。"不确定性"是模糊语言的本质特征，有人将这种"不确定性"归纳为三种情形：一是概括：相对于"具体"而言，词语提供的信息范围广，涵盖面宽；二是多义：同一语言形式表示两种或者两种以上的意义，需要结合语境才能确定它的具体所指；三是模糊：当事物

[①] 王艾，杜平．模糊语言现象及其交际功能．四川理工学院学报（社会科学版），2010 (6)：68.

出现几种可能的状况时，尽管说话者对这些状态进行了仔细的思考，实际上仍然不能确定。① 概言之，就是内涵无精确含义、外延无明确概念的语言。美国电机工程和计算机科学家扎德教授（L. A. Zadeh）在 1965 年提出了模糊理论，他在题为《模糊集》的文章中提出，现实的物体类别之间经常没有确定的界限，表明人类的认识能力具有一种模糊的特性。"模糊理论"引发了科学研究划时代的变革，并迅速渗透到众多学科领域当中。在扎德模糊理论的启发下，语言学界认识到模糊属性同样存在于人类语言之中，由此产生了模糊语言学。

造成语言模糊性的原因是多方面的。

首先，从语言所反映的对象——客观事物来看，其本身就具有模糊性。客观事物从一种状态到另一种状态，往往很难找到一个明确的界限，反映在人类语言中，许多词语所表达的概念都没有明确外延的模糊概念。例如，"长、短""高、低""深、浅"等，虽然看起来是鲜明的反义词，但多长算是长，多短算是短？多高算是高，多低算是低？多深算是深，多浅算是浅？很难说清楚。因此，这里的长和短、高和低、深和浅都是相对的，正如伍铁平所说的："人类语言中许多词语所表达的概念都是没有精确边缘的，都是所谓的模糊概念。"②

其次，从语言自身来看，语言本身并非一个完美的表达系统。至少在描述客观世界的本来样态上，人类语言的表达功能显得捉襟见肘。③ 表示概念的语言成分是相对有限的，而世间的现象或情况是无限丰富、复杂多变的，它要以有限承载、传递、表达无限，要以少致多、以简致繁，没有多向性词语就不可能适应表达要求。这就决定了"处于语义轴两个极端的绝对精确与清晰是有限的，语义的精确性是相对的、有条件的。而处于语义轴的广大的中间领域是过渡的、分级的，其难以划清界限的模糊现象是普遍的，语义的模糊性是绝对的"。④ 这样的模糊性淡化了概念外延的明确

① 张艳. 法律模糊语言的多角度研究——以《婚姻法》为个案. 华中师范大学硕士学位论文，2010.

② 伍铁平. 模糊语言学. 上海外语教育出版社，1999：47.

③ 张玉洁. 法律文本中的模糊语词运用研究. 山东大学硕士学位论文，2016：117.

④ 王逢鑫. 英语模糊语法. 外文出版社，2001：1.

界限，形成了边缘模糊，使客观事物的差异在中间过渡时显现出"亦此亦彼"现象，无法简单地作出"是"或"否"的判断。

最后，从人类认识的角度看，人所认识的对象是纷繁复杂的，现实世界是由客观事物构成的、不以人的意志为转移的客观系统，而语言则是由人脑反映的、经过主观处理的表达的符号系统。人们通过大脑的主观反映来抽离出世界的"本来样貌"，或许仅是一种客观世界的表象，甚至是"假象"。[①] 社会现象的复杂性和人类认识的局限性，决定了人类需要使用模糊性语言。这样，"绝对的准确是没有的，语言表达准确性本身是相对的"。[②]

罗素说："一个模糊的认识比一个精确的认识更有可能是真的，因为有更多可能的事实证实这一模糊认识。"[③] 因此，语言的确定只是相对的或有条件的，而不确定性和模糊性才是绝对的。

二、 模糊语言在警察执法中的修辞功能

警察执法语言作为自然语言的一种变体，毫无例外地也具有模糊性的属性。警察执法的过程，是一个实现法律规范的过程，也是一个警察权力运行的过程，因此一般认为，严谨性和精确性是警察执法语言的本质特征，执法语言的模糊属性往往被忽略，甚至成为批判的对象。但实际上，模糊语言在警察执法中有其存在的必然性和合理性，某些情况下，甚至起着精确语言无法替代的作用。警察执法中无论是面对普通群众还是违法嫌疑人，也无论是口头表达还是文书制作，恰当使用模糊语言不但能准确表达意图，而且可以增强语言的表现力和交际效果，模糊语言在警察执法的具体语境中具有精确语言无法替代的语用功能。

（一） 体现警察执法语言的准确性

语言中的精确性和模糊性是辩证统一的，在一定情况下，精确词语不

---

① 张玉洁 . 法律文本中的模糊语词运用研究 . 山东大学硕士学位论文，2016：117.

② 王希杰 . 模糊理论和修辞 . 新疆大学学报（哲学人文社会科学版），1983（3）：107.

③ 转引自伍铁平 . 模糊语言学 . 上海外语教育出版社，1999.

一定能让读者、听者有精确性理解，模糊词语也不一定表述的就是模糊概念。在使用精确词语无法达到表达效果时，模糊词语往往有着不可替代的作用，甚至比使用精确词语表述更规范、更准确、更全面，这时候，模糊语言就成为通向精确表述的必由之路。警察执法中需要以模糊语言为手段反映准确事实的情况并不鲜见。例如，在通缉令、协查通报中常用"体态偏瘦""长脸""短发"等描述犯罪嫌疑人，这样的模糊性词语符合人类认识事物的规律，能给人以直观的印象，表达的是准确的概念。如果将这样的模糊词语换作"腰围 65 厘米""脸长 15 厘米""头发长 5 厘米"等精确词语，反而让人无法理解，无从把握。在警察执法过程中，还有一种无法使用精确词语表述的情况，如案件发生后，侦查人员对一些特定要素如"案发时间""案发地点""被害人死亡时间"等的确定，只能根据相关信息进行推理，确定一个大致范围，不可能与案件发生的事实完全吻合，描述这些要素时加上"左右""许""约""附近"等模糊词语，就比使用精确词语更为恰当、准确。另外，案件涉及的数量等要素，有时无须精确表述，这时就可以使用模糊词语，如"犯罪嫌疑人共作案 20 余起""盗窃财物价值约人民币 8 万元"。"约""余"等模糊词语不但不会妨害表述的准确性，而且会增强表述的简洁性。

（二）体现警察执法语言的技巧性

模糊语言的基本特点是外延界限的不清晰和内涵的笼统概括，就是含义的不确定性。这种不确定性有时比精确词语的明确性有更好的表达效果，成为办案民警讯问犯罪嫌疑人时经常使用的一种讯问语言技巧。讯问犯罪嫌疑人时，办案民警准确把握犯罪嫌疑人的心理状态，适时、巧妙地使用模糊语言，就可以触及犯罪嫌疑人心理的薄弱之处，达到讯问效果。例如，讯问过程中，办案民警使用类似"你干的那些事，你以为你不说我们就不知道了吗？"的模糊性语言，对态度顽固的犯罪嫌疑人进行心理威慑，使犯罪嫌疑人无法预见办案民警到底掌握了他多少犯罪事实，从而感到心虚，供认出案情事实真相。再如，办案民警对意图包庇同伙的犯罪嫌疑人说："你为朋友两肋插刀，真的挺'够义气'，可你的朋友未必对你这样啊!"讯问人员用了"未必"这一模糊词,客观上表明犯罪嫌疑人的同伙既可能对其"讲义气",又可能对其不"讲义气",但在当时的特定情形下,犯罪嫌疑人一般会倾向于理解为他的同伙已出卖了自己,给犯罪嫌疑人以潜在压力,无形中摧毁其顽抗和包庇的决心。[①] 对心理已被打动却未被彻底说服的犯罪嫌疑人,办案民警用"在法律规定允许的范围内,我们会尽可能帮助你"之类的模糊语言,有可能使犯罪嫌疑人放弃抗拒心理而坦白交代罪行。办案民警无法作出明确承诺时,还可以通过故意把准确事实模糊化,给犯罪嫌疑人以理解的空间,也给办案民警以回旋的余地,往往比精确词语的运用更易达到效果。

(三) 体现警察执法语言的恰当性

修辞学认为,言语交际活动中,为了使交际活动顺利进行,说话人和听话人之间必须遵循"话语合作原则",交际双方都必须向对方提供真实可靠、准确无误的信息。如果直接的表达会导致摩擦或言语交际活动的中断,交际的一方就不得不违反合作原则中的一些准则以适应交际的需要。一定情况下,模糊语言无疑可以承担使交际活动进行更顺畅的责任。

被害人通常由于受到侵犯、身体受到伤害或发觉生命受到威胁,易被激怒、惊吓或与提问者发生抵触。办案民警调查取证、调查走访中如果使用表达直露的精确语言,可能会加深被害人的精神创伤,选择比较委婉模糊的语词,就可以避免或减少语言的刺激性。例如,对被害人使用"事发"之类的字眼,而不是"强奸"或"抢劫"之类确切的措辞,"事发"这个词语虽然没有具体指明什么,但受害人明白它指的是什么,并不妨碍意思的表达和理解,而且使话语显得更缓和含蓄、礼貌客气,从而更好地改善双方的谈话氛围,使调查能够顺利进行。

(四) 体现警察执法语言的庄重性

警察执法语言有着充分的法律内涵,体现着法律的严肃性和权威性。

---

① 贾蕴箐. 关于法律语言精确性与模糊性关系的思考//周庆生,王洁,苏金智. 语言与法律研究的新视野——语言与法律首届学术研讨会论文集. 法律出版社,2003.

因此，案件中涉及国家机密、商业秘密、反动言论、个人隐私、淫秽情节时，不宜具体直接地加以记录和反映，模糊语言就成为最佳选择。例如，用"国家机密""商业秘密"等概括性的词语代替具体内容，用模糊词语对强奸、猥亵等案件的情节进行概括。制作提请批准逮捕书、起诉意见书叙述犯罪事实时，对于某些有伤风化的案件中犯罪嫌疑人的犯罪经过，运用模糊语言概括叙述，既完整描述案情，又隐去了不宜详细叙述的内容，保护被害人个人隐私，消解了直接叙述带来的负面作用，还维护了法律文书的庄重性和严肃性。

三、 警察执法中模糊语言的规范运用

模糊语言的以上语用功能，在警察执法实践中往往被用来弥补精确语言表述上的不足，克服精确语言的局限性。但要注意的是，模糊语言的使用是有条件的，是受特定语境制约的，正确认识和使用模糊语言才能使其在警察执法中发挥积极作用。

（一） 正确区分词语的"模糊"与"含混""歧义"

"模糊"是语言的一种固有属性，客观地存在于语言之中；"含混""歧义"是非正常的或可能产生歧解的语言运用结果。因此，模糊语言不等于含糊其词、模棱两可、让人费解；也不等于可以一语两歧、一意两出。含混和歧义都是病态的语言现象，在警察执法中应避免使用。例如，一份讯问笔录中这样记录犯罪嫌疑人交代的犯罪预谋过程："从那天起，我就一直想找机会整他一下"，其中的"整"，在这里既有"通过非暴力手段整治、使其吃苦头"之意，也有"使用暴力手段伤害其身体甚至剥夺其生命"之意。这就不是模糊，而是有歧义，而两种不同理解对确定犯罪嫌疑人是否构成犯罪，构成何罪有着直接、关键的影响。

（二） 模糊词语的使用要适度

模糊语言是有其适用范围的，超出了这个范围，就超越了模糊度。超

越模糊度的语言会直接妨害执法的正确性、公平性，给公安工作带来麻烦。例如，在涉及刑事案件的叙述中，常用到"行凶"一词，而实际上，"行凶"一词是模糊词语，不是法律术语，也就是说，何种行为算是"行凶"，何种行为不算"行凶"，没有认定的标准，因此，这种词语应该慎用。警察执法过程中，应该使用法律专业术语的地方一定要严格使用，要以法律术语的法定内涵来保证内容的准确严谨，而不能随意以意义相近的普通词语替代。

（三）模糊词语的使用要合境

在叙述类法律文书中要尽量使用严谨准确的词语，但在问话中结合具体情境适当使用模糊词语是讯问策略的一种。例如，针对特定案件、特定犯罪嫌疑人使用模糊词语提问，在程度上显得更轻，犯罪嫌疑人更容易接受，有利于讯问工作的顺利进行。例如，对盗窃、抢劫案件中的犯罪嫌疑人不直接用"偷""抢"等词语提问，而是使用模糊词语"拿"；对故意伤害案件中的犯罪嫌疑人，不直接用"伤害""打""杀"等词语提问，而代之以"当时是怎么回事？"之类的模糊表述。这是因为这类案件中用清晰准确的词语提问，犯罪嫌疑人本着趋利避害和避重就轻的心理，要么直接予以否认，要么模糊回答，导致讯问工作陷入被动。事实上，犯罪嫌疑人所涉嫌的罪名，并不是直接通过在讯问笔录中记录对应的罪名就成立的，而是要综合考量主观因素、预谋、准备、着手实施和造成的后果等要素。因此，模糊词语的使用并不会影响案件定性。

第四章

警察执法话语权威

权威（Authority），是一种使人信服的力量和威望，表现为外在性的职务权力和自然性的社会影响力。[①] 警察执法话语权威是警察执法话语由于警察权力的加持，在心理上和行为上对他人产生有形与无形的影响力量、支配力量和控制力量。警察权威意味着强大的公信力、感染力和号召力，是公安机关履职的重要保障，而警察执法话语权威是警察权威的重要表征和衡量指标。

---

① 王占军. 警察权威论. 中国人民公安大学学报（社会科学版），2008（3）：140.

第一节

话语与话语权

"话语"（Discourse）本是一个语言学概念，现代英文中的 Discourse，由拉丁词头"Dis"（穿越、分离、对称）和词根"Course"（线路、行走）两部分组成，大致意思是对事物演绎、推理、叙说的过程。它在各种西方文字的词典里都作"说话、讲演、论述"讲。在中国大陆，Discourse 通常被译为"话语"，在中国港台以及其他地方的华语刊物上，则译为"述说、叙述、论说、说话"，等等。①

在逻辑学和语言学中，话语被看作用来对语言进行定量分析的单位，它比句子长，比段落短。话语涉及说话人要表达某种意义的愿望，这种意义可能在字面上表明，也可能不在字面上表明，听话人对这种意义的理解可能要依赖语境。话语的意义并不仅仅存在于静态的句子中，更是行为的结果，它涉及说话人对听话人产生的某种效果，以及对话双方在共有知识的基础上进行协商后的结果。话语意义与句子意义是不同的：句子是语法单位，它的构成要遵守一定的语法规则；话语是具有一定交际功能的最小语言单位，在长度上可能恰好相当于一个语法完整的句子。句子的意义是抽象的，处于语境之外；话语的意义是具体的，和一定的交往情景密切相关。在很多情况下，话语的意义以句子的意义为基础，但又比句子的意义更丰富。②

---

① 谭斌．试论"话语"一词的含义．兰州大学学报（社会科学版），2002（1）：71.
② 谭斌．试论"话语"一词的含义．兰州大学学报（社会科学版），2002（1）：72.

20 世纪 70 年代，法国哲学家米歇尔·福柯站在哲学的高度考察言语活动，赋予"话语"一词在文化分析中的政治学含义，认为话语不仅仅是思维的符号和交际的工具，它还表达了欲望，显示了权力，其本身就是一种权力关系。人们与世界的关系只是一种话语关系，任何脱离话语的东西都是不存在的。福柯这一"话语就是权力"的理论，向人们揭示出话语具有的现实影响力，自此，"话语权"逐渐成为语言学、哲学、政治学、社会学等领域的重要语词。

依据福柯的理论，话语权可以理解为"说话的权利和权力"，权利与权力是话语权的双重属性。

一、 话语即权利

在"说话的权利"层面上，话语权体现为表达的资格和机会。话语即"说话""言论"，说话、言语是人与生俱来的一种本能，是人类社会区别于动物社会的重要特征。但话语同时还是一项权利，是人类与生俱来、不可剥夺、不可出让、不可压制的一项重要权利。没有将自己的意愿、见解、观点与诉求表达出来、传播出去的资格和机会，就不是真正地享有说话权。

二、 话语即权力

在"说话的权力"层面上，话语权体现为表达的影响力，就是在拥有说话资格和机会的基础上，所表达的内容还能被旁人听到并对旁人产生影响，这才是行使话语权的根本目的所在。权力是一种影响他人和制约他人的强制力，因此，衡量个人或群体是否拥有话语权，既要考察他是否拥有表达的资格和机会，还要考察他的表达能否被听到，能否引起共鸣并产生社会影响。

实际上，话语权就是社会利益的一种表达机制。在利益多元化的社会环境中，有着种种不同利益需求的社会个体，需要通过话语权来表达和追求自己的利益。建立健全社会利益表达机制，拓宽公民的话语渠道，落实公民的话语权，对于维持社会和谐稳定乃至国家长治久安，都具有极其重要的意义。①

第二节

话语权与传播媒介

话语权与传播媒介有密切关系。可以说，谁拥有话语权、拥有话语权的程度如何，与传播介质和传播技术密切相关。

一、 传统媒体的传播特点

传统媒体是相对于新兴的网络媒体而言的，传统媒体通过某种机械装置定期向社会公众发布信息，主要包括报刊、广播、电视等传统意义上的媒体。以报纸、广播、电视为代表的传统媒体与网络媒体相比，具有以下特征：

（一） 传播路径的单向度

器材的专业性决定了传统媒体在自身媒介领域内具有信息传播的"独家"性。例如，广播信号发射的设备、电视栏目的摄像器材都不是普通民众所能拥有的，这些设备条件决定了传统媒体传播路径的单向度。也就是说，传统媒体在信息传播的过程中都是单向传播的，只有新闻机构单方面向受众传播信息，而没有受众的信息反馈这一环节，受众只能被动地接受信息，而缺少公开发表意见和反馈看法的途径。

---

① 莫勇波. 话语权的政治意涵. 中共中央党校学报，2008（4）：106.

（二）传播形式的组织化

传统媒体有成熟的运作模式，新闻生产流程有严格的制度规定，需要专门的人员获取信息，然后经过层层筛选、把关、编辑后才会展现在公众面前。同时，传统媒体还拥有强大的专业团队和一整套职业化的管理体系，从业人员需要经过系统的业务学习和宣传理论培养，经过严格的考核才能最终上岗，这就使得传统媒体的从业人员大都具有较高的媒介素养，能够为受众群体提供有效的信息支持。而且，传统媒体在信息传播过程中具有鲜明的政治色彩和喉舌功能，这就决定了其发布信息的可信度和权威性较高，舆论引导力较强，信息传播产生的社会效果波及更广。

（三）传播内容的规范化

传统媒体有完善的把关机制和多维把关环节，发布的任何信息都需要经过"把关人"（Gatekeeper）的把关。也就是说，传统媒体的新闻报道与信息传播并不具有纯粹的"客观中立性"，而要根据传媒的立场、方针和价值标准进行筛选、过滤、取舍、加工，对信息的有效性和合规性进行控制，可以将虚假信息和有害信息挡在信息传播的起点。

二、 自媒体的传播特点

自媒体（We Media）又称公民媒体、个人媒体，是私人化、平民化、普泛化、自主化的传播者，以现代化、电子化的手段，向不特定的大多数或者特定的单个人传递信息的新媒体。2003 年，美国新闻学研究者谢因·波曼（Shayne Bowman）与克里斯·威理斯（Chris Willis）联合提出"自媒体"这个概念，并明确定义为："We Media 是一个普通市民经过数字科技与全球知识体系相连，提供并分享他们真实看法、自身新闻的途径。"[①]就是普通大众借助数字科技手段，像媒体一样生产并传播内容。互联网技

---

① 邓新民. 自媒体：新媒体发展的最新阶段及其特点. 探索，2002（2）：135.

术是其出现的技术基础，如今在中国，微信公众号、微博、抖音、快手短视频等是自媒体依托的主要平台。2021 年 2 月中国互联网络信息中心发布的第 47 次《中国互联网络发展状况统计报告》显示，截至 2020 年 12 月，我国网民规模达 9.89 亿，互联网普及率达 70.4%，使用手机上网的比例达 99.3%，搜索引擎用户规模达 7.7 亿。网络视频用户规模达 9.27 亿。① 自媒体的形成与飞速发展，彻底颠覆了传统媒体对大众、社会的影响模式，开启了一场前所未有的新的革命。②

与传统媒介相比，自媒体传播具有迥异的特征：

（一）传播路径的交互性

与传统媒体一对多的线性传播模式不同，自媒体的传播方式可以实现一对一、一对多、多对一、多对多的网状传播。这种交互性使它能够轻松实现人际传播、群体传播、组织传播的兼容。媒体与受众的距离为零，任何人都可以通过它实现"现场直播""现场接收"与"现场反馈"，因而被称为"病毒式传播"③。民众通过低门槛的参与方式，使个人在接收新闻的同时还可以轻松制作与转发另一个节点信息，从而在民众之间建立起"滚雪球"式的反馈机制。在这种机制下，信息借助自媒体平台呈网状形式传递，呈几何级速度传播，层层传递，层层沉淀，粉丝数、评论数及转发量成为舆论影响力的量化表现。自媒体在这种"病毒式传播"环境中，成为一种可以无限产制新闻的信源。

（二）传播方式的自主化

在自媒体平台，人们"想说就说"，用完全个性化的方式建构自己的社交网络。有学者形象地将此描述为"全民 DIY"，即"自己动手制作，没有专业的限制，想做就做，每个人都可以利用 DIY 做出一份表达自我的

---

① CNNIC 发布第 47 次《中国互联网络发展状况统计报告》. 中华人民共和国中央人民政府官网，http://www.gov.cn/xinwen/2021-02/03/content_ 5584518. htm.
② 宋全成. 论自媒体的特征、挑战及其综合管制问题. 南京社会科学，2015（3）：115.
③ 董向阳. 微博的病毒式传播研究. 深圳大学硕士学位论文，2012.

'产品'来"。① 每个用户都可以通过发帖、转帖、评论参与到传播过程中，成为最主要的信息源。而且信息发布的技术门槛和准入条件很低，不需要成立专业媒体机构来运作，也不需要相关部门审批，信息生产流程更没有规章制度约束，任何人都可以在微信、微博、论坛上发布新闻，并会很快在这些载体之间传播。在社交网站上，信息在好友分享、评论、转载的过程中进一步扩散和传播，最初的信息可能会以几何裂变的方式进行爆炸式的传播和扩散。

（三）传播内容的个性化

在自媒体时代，人们不再满足于被一个统一的声音告知统一的信息，每一个人都能够独立发布信息，也能够在独立获得的信息中进行判断。自媒体传播内容因传播主体的多维度身份而纷繁复杂，个性化、多元化、碎片化成为自媒体传播内容的主要特征。在传统媒体中，"把关人"的角色始终存在，并介入新闻事件发展的始末，他们的职责是控制公众对世界的认知层面，缩小新闻传播效果的差异。而自媒体平台除了对敏感词汇以及造成恶劣社会影响的部分内容进行处理外，基本上免去了"把关人"存在的可能性，使得自媒体成为公众的民间舆论场。民众脱离了以往被动获取信息的方式，呈现出全民共同编制和把关自媒体传播内容的场域，"昔日向每一个人传达基本相同信息的传播方式，一去不复返了"。②

三、 自媒体环境下的话语权新格局

"每一种新媒介一旦出现，无论它传递的内容如何，这种媒介的形式本身就会给人类社会带来某些信息，并引起社会的某种变革。"③ 自媒体的出现同样带来了话语权格局的深刻变革。

---

① 喻国明 . 直面数字化：媒介市场新趋势研究 . 新闻实践，2006（6）.
② 张国良 . 传播学原理（第二版）. 复旦大学出版社，2014：88.
③ 张国良 . 传播学原理（第二版）. 复旦大学出版社，2014：90.

（一）普通民众真正拥有了表达的资格和机会

在传统媒介环境下，官方掌握着报刊、广播、影视等传媒，凭借对媒介的高效整合，在公共领域中占据话语权的绝对优势。普通民众虽然可以通过向媒体"投稿"的方式行使自己的话语权，但编辑审核环节严格控制了表达的内容以及拥有话语权的人数，普通民众较少有表达自己话语的渠道。而自媒体彻底打破了政府部门和社会精英对话语权的垄断和主宰，推动着信息传播主体从组织化、集团化向分散化、个体化的转变，开启了一个话语权的平民时代。自媒体环境下，微信、微博、论坛等介质向公众提供了一种方便而廉价的传播方式，不需要投入任何成本，也不要求有任何的专业技术知识，就可以在网络上发布文字、音乐、图片、视频等信息。因此理论上说，只要会上网、有条件上网，就可以成为信息发布者，就拥有话语表达的机会和资格。而且自媒体表达不受规范化的要求，不必遵循严密的逻辑，也不用注意语法，呈现出一种原创性、娱乐性和随意性的平民色彩。"你不必再阅读别人心目中的新闻和别人认为值得占版面的消息，你的兴趣将扮演更重要的角色。过去因为顾虑大众需求而弃之不用、排不上版面的文章，现在都能够为你所用。"[①] 普通民众可以自由地表达不同立场的观点、意见，自主地提交自认为有价值的信息，自媒体为普通民众拥有话语权提供了机会和平台。

（二）普通民众的表达具有现实的影响力

话语权的实现不但要有表达的机会，还要看表达后所取得的效果。而话语表达的效果，取决于受众是否接受所传播的内容。在传统媒介环境下，民众只是被动地接受信息，对于这些信息往往没有发言权，也没有渠道表达自己对此信息的看法，更没有能力与传统媒体抗衡。而自媒体强大的互动功能，使网民可以通过跟帖、评论、留言随时自由地发布自己的观点、看法、意见、建议，网民之间可以进行实时交流互动。基于"长尾"

---

① ［美］尼古拉·尼葛洛庞帝．数字化生存．胡泳等译．海南出版社，1996：182.

原理的存在，普通民众这种发声具有强大的现实影响力。"长尾理论"是美国人克里斯·安德森在对网络数字音乐营销的研究中发现的，他发现"曲线在前端几首大热门被高频下载形成的'头部'之后陡然下坠却一直不断延伸，形成了一条蕴藏无穷机会的'长尾'。"① 这种长尾分布在自媒体环境下的表达影响力中同样存在，官方在各种媒介上的发声构成了信息传播的"头部"，而"尾部"则来自普通网民，他们由于人数众多、分布广泛而使自己的意见和看法释放出巨大的能量。

普通民众的表达具有现实的影响力，不仅基于自媒体的物理网络，同时也基于自媒体环境下的社会网络。民众因自媒体而获得了自由选择、自由控制、自由表达、自由参与话题讨论的权利，改变了被动接受信息的地位，可以主动解读信息，主动创造信息，主动加入新闻传播的整个过程，也因此提供了更真实、更自由、更海量的信息以及更多元化的观点，具有了强大的舆论引导价值。

第三节
警察执法话语权威的体现及影响因素

一、 对警察而言， 话语即权威

权力是一种物质的强制力量，威望是一种精神上的潜在的强制力量。② 恩格斯认为"权威，是指把别人的意志强加于我们；另外，权威又是以服从为前提的"。③ 警察权威的最终归结点是警察权力主体的威信和由此产生

---

① 马原.自媒体影响力的长尾分析.中国传媒科技，2008（5）：53.
② 王占军.警察权威论.中国人民公安大学学报（社会科学版），2008（3）：140.
③ 恩格斯.论权威//马克思恩格斯全集（第二卷）.人民出版社，1972：551.

的影响力，国家凭借警察等强制力量来控制社会冲突，维持社会秩序。

在话语表达中，言说者的思想、观点与情感必然对听者产生支配、指导或影响等作用，而言说者的社会身份、地位不同，对话语的控制程度就不同，话语"分量"也就不同。由于警察职责的特殊性，以及警察职业本身的法律属性，使得警察执行职务过程中所说的话语，会对受众在心理和行为上产生有形的、无形的影响力量、支配力量和控制力量，这就是警察执法话语权威。因此，对于执法中的警察来说，话语除了"权利"与"权力"两重属性之外，更重要的还有第三种属性——权威。

警察要顺利完成警务工作，离不开公众对警察权力的敬畏、认可和服从，而话语是警察履行职责使命的重要载体和媒介，公众对警察权力的敬畏、认可和服从，集中表现为对警察执法话语的敬畏、认可和服从上。因此，所谓警察执法话语权威，就是警察执法话语由于警察权力的加持，在心理上和行为上对他人产生有形与无形的影响力量、支配力量和控制力量。它以合法的警察权力为基础、以强势地位为标志、以不容置疑为表现形式、以令人信服为结果。

二、 警察执法话语权威的主要体现

警察执法话语是否具有权威性直接影响着警务工作能否顺利进行，民众对警察执法话语听从，才能体现在行动上的服从与配合；违法犯罪嫌疑人对警察执法话语畏惧，才能体现在行动上的顺从与配合；公众对警方针对事件、案件的回应认可，才能体现在舆论上的支持与赞成。

（一）执法对象对警察执法话语的服从

警察权是由国家强制力保障的权力，警察的执法行为连同执法语言都具有法律性，从而具有权威性，警察权力服从成为法治社会必不可少的控制机制。同时心理学研究表明，人都有服从规范和权威的特性，对自己错误的行为接受适度处罚是认可的。公安机关及其人民警察依据事实和法律，对违法、犯罪嫌疑人进行处罚，违法、犯罪嫌疑人会在不自觉中对警察执法话语产生一种服从、畏惧的心理感受。这两方面的因素就决定了被执法对象面对警察执法话语命令、指令，应该表现为"从"。但近年来，我国警察执法权威受到挑战，警察执法行为得不到应有的尊重，现场指令和措施不被遵从，甚至警察人身安全及名誉权受到侵害。① 探究背后的原因，其根源在于被执法对象对警察执法话语的"从"，需要以"服"为基础。

事实上，并不是有"权"就有"威"，树立警察执法权威，需要警察权力的外在强制和被迫服从，更需要在理性认同基础上的自觉服从。权力服从是有局限性的，警察执法话语权威不能仅仅是被执法对象在外力威慑下对警察权力的"屈从"，还应该是发自内心的"服从"。在警察执法过程中，如果执法对象仅仅是屈从于强制而被迫接受处罚，那么就不会促使其思想发生改变。当一个人思想未能改变时，权力服从往往意味着行为与思想、表面态度与内在心理的距离增大，从而引起强烈的内心矛盾冲突。② 社会价值标准的认同和规范的内化才是警察执法话语权威的根本依据，因此，警察执法中的话语表达不仅要着眼于改变执法对象的行为和态度，根本目标是改变执法对象的认识和心理，这样，法律所获得的服从才更具有持久性，才可以使执法对象由表面顺从转变为真正的思想认识改变。

（二）调解对象对警察调解话语的认从

各地公安机关发展新时代"枫桥经验"，秉持"调解也是执法"的理念，积极探索化解矛盾纠纷新方法，推动执法活动向矛盾纠纷调解延伸、倾斜。这种警务工作理念和机制的转变使得基层公安机关尤其是派出所、警务室民警的调解职能大大增加。调解对象对警察调解话语的听从与否，成为警察执法话语是否具有权威性的重要体现。

警察执法话语权威是社会公众对警察的一种心理感受，警察职责的特殊性，以及警察执法话语本身在长期发展过程中形成的信誉，使得其内容对民众思想观念有深刻影响，对民众现实行为有效约束，这是一种历史性

---

① 程琳 . 民警执法权威受损问题探究 . 公安研究，2013（6）：5.
② 张成敏 . 警察言语交际学导论 . 群众出版社，2000：80.

的积淀，习惯性的听从。但在矛盾纠纷调解中，仅仅依靠民众对警察权的习惯性听从是远远不够的，必须得到调解对象对警察执法话语的认可。"认可"是承认、肯定及许可，话语权威源自话语认可，认可是话语权威的高级阶段，是深刻而有效的话语权威，是更具持续性的话语权威。调解活动只有得到调解双方的认可，才能顺利进行，否则会遭遇抵触甚至抵制。话语权威有两种类型，一种是外在的、来源于警察权力赋予的权力性权威；另一种是内在的、建立在感情认同基础上的情感性权威。情感性权威是权力性权威的有益补充，它表现为人们出于某种感情的趋向而无怨无悔地以对方的意愿行事。① 警察只有通过法理与情感的共同作用，升温与调解对象间的情感关系，才能促使调解对象认可警察执法话语。

（三）社会公众对警方舆情回应的信从

人民群众的安全感、获得感和幸福感是社会治理的价值追求，但公众民主意识、权利意识的提升，以及对公安机关工作越来越高的期望值使得警察及其警务活动不仅成为被关注的焦点，而且每每成为被质疑的对象，对社会治安秩序的稳定造成了不小的冲击，给警察权威带来了负面影响。而新媒体时代的到来使得公安民警执法时刻处于镜头聚焦之下，成为网络监督和围观的对象。公安机关随时对网络涉警舆情做出回应已成常态，社会公众对警方的舆情回应持怎样的态度，成为警察执法话语是否具有权威性的又一重要体现。

在如今警务信息日益公开和透明的时代，警察执法话语在公安机关履行职能以及赢得公众支持的过程中发挥着突出作用，其可信度或公信力是衡量警察权威高低的重要标志。警方的及时、客观回应能够很快平息舆论，还是引发新一轮的舆论风暴，很大程度上取决于公众对警察回应话语的信任程度。"信任"是相信并被采用，警察执法话语权威体现为公众对警察执法话语的认可与信任，而不是持"习惯性怀疑"态度，或者去自主

---

① 孙瑞婷. 整体建构思想政治理论课话语权的四个维度. 学校党建与思想教育，2017（9）：13.

求证。在社会科学中，信任被认为是更进一步的认可，是一种依赖关系，将公众对警察执法话语权威的认可上升到依赖的层面，这是警察执法话语权威的最高境界。

三、 影响警察执法话语权威的内因分析

依据言语行为理论（Speech Act Theory），人们不是为说话而说话，当他说一句话的同时，实际上是在实施一个行为。警察的执法办案、调处纠纷、法治宣传等法定职责的"行"都是通过警察的"言说"体现出来的，警察的语言素质影响着警务活动的实际效果。公众对警察执法话语的敬畏、认可和服从的程度并不高，这与公安机关基层民警自身语言能力不足直接相关。

（一）语言表达的法律性不足

警察的每一项警务活动，必然伴有出于法定职责而针对特定事项的语言表达，警察要通过以事实为依据、以法律为准绳的准确表达，使执法对象了解法律如何规定和理解，事实如何判断和处理，因此，语言表达必须具有充足的法律性，以体现法律的严肃性和权威性。但在执法实践中，办案民警存在语言表达法律性不足的问题，一是对法律的引用与解释不准，不能熟练援引法条、准确解释法律规定，从而依法征服当事人；二是不能很好地解释执法依据，导致群众对警察的执法能力甚至身份产生怀疑；三是不能依据法律对事实性质作出精准判断，让当事人切身感受到警察在处警过程中的公平与公正。

（二）语言表达的专业度不强

警察的执法过程不仅要打击犯罪、纠正违法行为，更要以言语促使对象改变思想和心理动机，甚而改造其价值观。无论是叙述事实、论证析理，还是说明情况、沟通交流，警察执法中的语言表达应该具有较强的专业度。目前，语言表达依然是民警尤其是基层民警的普遍短板，日常执法

中普遍存在语言表达专业度不强的问题：一是"说不清"，口头表达能力差，词不达意，不能清楚地说明事理、阐释道理。二是"说不透"，缺乏对相关法律法规的透彻理解，不能说透法理，深入浅出地阐明相关法律规定。三是"说不通"，语言表达逻辑性不强，极易遭到当事人反驳；或者遇有当事人胡搅蛮缠时，不会抓住关键以法为据、以理服人；甚至不能准确把握语言分寸，有时反而激化矛盾，引发冲突。四是"控不住"，接处警过程中有的当事人认为民警不作为或存在偏袒、推托、刁难行为，继而质问甚至辱骂民警，有的民警不能很好地控制情绪而与之辩论，或者受到当事人言语挑衅后与之对骂，造成恶劣的社会影响。

（三）语言表达的情感性缺乏

警民之间互动畅通建立在当事人对警察执法话语的情感认同的基础上，"有些情况下，群众也许并不十分在意警察语言的具体信息，但却十分在意警察语言态度中显现出来的情感因素"。[①] 在警务调解中，语言的情感因素更为重要。当事人的喜怒哀乐直接影响他们对事物的评判和看法，民警只有理解当事人的心理和情感，才能引起当事人情感共鸣，民警的调解语言也才有可能触动其心灵，打开其心结，最终化解矛盾纠纷。民警语言表达缺乏情感的表现有两种：一是有些民警面对当事人没有耐心，态度冷漠、敷衍，语言不当引起当事人的反感和抵触，甚至与当事人产生摩擦。二是虽然表面上客客气气，按照规范要求使用礼貌用语，但语气冰冷，让人感受不到温暖和亲切。这两种状态实质上都是对群众、对工作、对职业缺乏真情实感的表现。

（四）语言表达的技术性欠缺

在网络环境下，自媒体更容易赢得社会舆论的优先话语权，一旦涉警热点事件发生，警察反而成了舆论场上的弱势群体。造谣者还会"碰瓷"公安机关，恶意诋毁公安民警，故意放大歪曲民警的行为。处于这种话语

---

① 施辉．论警察言语态度特征和社会道德评价．贵州警官职业学院学报，2003（5）：87.

弱势地位，警察舆情回应话语还不够成熟，情急之下容易出现疏漏，引发更大的舆论风暴。

公安机关在社区普遍设置警务室，使得与群众的联系更为紧密，基层民警需要调处的治安案件、纠纷案件数量多而且繁杂。但矛盾纠纷调处是个"技术活"，在基层实践中，不少民警不善于同各种各样的人打交道，不善于用话语很快缩短与生疏者之间的距离；有的缺乏社会阅历和工作经验，不能很快找到与当事人在思想、职业、家庭、爱好等方面的沟通点；有的缺乏调解经验，不能准确理解当事人的处境，从而抓住要害，消除其对抗和戒备心理；有的不能准确把握当事人心理，不会分析其情绪变化，调解语言缺乏针对性，不能为当事人所接受；有的不能依据当地风土人情采用灵活的语言表达技巧，结果让调解工作事倍功半，甚至久调不决。

四、 自媒体环境对警察执法话语权威的消解

自媒体时代，原本处于话语弱势地位的大众个体由此获得了巨大的话语力量，公众享有了更多的表达资格和机会，表达具有了更大的现实影响力，意味着普通民众获得了与官方同样的社会音量，甚至更强大的话语影响力，意味着传统媒体下官方的话语权优势已经被打破。民众不再是嗷嗷待哺的思想容器，而是具有一定反思、倾诉、创新意识以及持有不同价值立场的对话者。公众不再是警察等公权力行使人的追随者和服从者，而是成为监督者和质疑者。警察执法话语权威在网络环境中被消解，当一起涉警事件在网络上发酵，警察的发声往往被淹没在喧闹的网络话语中，警察执法话语的权威性、公信力、主导力遭遇到了前所未有的挑战。

（一）自媒体传播主体的平民化，使警察成为"被报道"的对象

自媒体环境下，人人都有属于自己的"媒体"，人人都可以随时发表属于自己的言论，传播主体实现了平民化。由于警察工作范围广泛，涉及社会生活的方方面面，警察自然成为公众"全景式监控"的对象，成为被报道、被评论的对象。根据认知心理学的注意选择原理，最先接触到的信

息会使人产生鲜明、强烈、牢固的第一印象，并且影响着以后相关信息的选择，因此，这种被间接言说的处境使警察先天地处于弱势的话语关系中。

在当前的社会生态中，公安机关作为治安行政管理和刑事司法机关，是社会各种矛盾和冲突的强力干预者，人们习惯将警察和百姓之间的关系看作"强权"与"弱小"的权力不对等关系，一旦发生涉警事件，这种不对等关系就被放大，于是网络舆论几乎一边倒地倾向普通民众，宁愿相信网民口中的"实情"，而不愿相信公安机关的说明和解释。处于这种话语弱势地位，警察个人和组织在网络舆论中很难得到公正、客观的评价和理解。由于警察身份自带热度属性，常常被别有用心者放大利用。在当下的舆论环境中，一旦涉警热点事件发生，警察反而成了舆论场上的弱势群体。为达到利己的目的，造谣者还会"碰瓷"公安机关，恶意诋毁公安民警，故意放大歪曲民警的行为，捏造并不存在的民警违法违纪行为，污蔑公安机关不作为、慢作为。造谣者深谙公安机关的社会认可度不高和执法权威不足的窘境，尽管有些事件带有明显炒作、刻意诋毁痕迹，部分网民也会站在警方的对立面，这也是造谣者"碰瓷"公安机关屡屡奏效的社会心理基础之一。

（二）自媒体传播速度的高速化，使警察执法话语丧失先机

网络传播速度之快让人来不及喘息，一条特别的消息立刻会被各大门户网站引用，有的还专门开辟主页进行专题报道，成千上万的网民迅速跟帖发表意见，用"一夜之间，满城风雨"来形容警务危机的传播一点也不夸张。谣言一旦产生就会以一种难以置信的速度在社会公众中传播开来，一传十、十传百，越传越快，越传越失真，越传越相信，成为人们茶余饭后的话题，有关部门越是辟谣越是激发人们的好奇心和逆反心理。而且对于普通社会公众来说，人们通常更愿意相信和关注大家口中所谓的"实情"，而不愿意相信公安机关等政府部门公开发表的情况说明。

而与自媒体高速传播形成鲜明对比的是，公安机关往往信息披露滞后，未能及时抓住话语主动，让那些"草根微博"发布的信息和观点抢了

先机，成为网民先入为主接收到的信息，错过了树立警察执法话语权威的最佳时机。这是因为公安机关有严格的危机处置程序，对外信息的发布有严格的审批流程，同时，对突发事件的调查取证也需要时间。警方的暂时"失语"，导致自媒体道听途书、猜测臆断的信息抢占了社会舆论的优先话语权。

（三）自媒体传播内容的情绪化和传播方式的互动性，使警察执法话语丧失主导力

自媒体传播的一个重要特征是信息呈现碎片化，这种状况极易导致内容浮浅化、感官化和情绪化；公众在"碎片化阅读"中，对信息的把握也是零散化和片段式的，在思维惰性的作用下又容易受到情绪的感染。因此，我们看到无论是信息发布还是转发评论，更多展现出的是网民情绪，往往不少言论脱离了对具体问题的客观讨论，演变为个人观点的标榜，个人情绪的宣泄。对有些网民来说，事实细节无关紧要，找到一个发泄情绪的机会就好，他们的发言多是借题发挥、不断泛化，由此产生网络上的戾气。同时，自媒体互动性的传播方式，使网民之间可以通过网络的评论、关注、转发等功能进行实时互动交流，从而实现一对一、一对多、多对一、多对多的网状交互传播，一个言论发表后，会立即引起各方反应，被更多的人附和，在交互中不断放大、不断扩散，在扩散中又产生新的互动。因此非理性的言论会在互动中产生情绪感染，像雪球般越滚越大，引发盛大的舆论热潮。一场本该以事实为依据、法律为准绳的案件调查，却被大量网络谣言和各种未经证实的匿名信息，裹挟了网络舆论，让情绪化的表达代替了理性客观的讨论。在失控的网络舆论面前，警方话语丧失了主导力，公安机关保持沉默被认为是默认，进行解释又被认为是狡辩，甚至遭到侮辱谩骂。

（四）主流媒体"为警察说话"话语功能的弱化，使警察执法话语影响力衰减加剧

媒体是公众了解警察及其警务工作的主要渠道。在我国媒体行业中，中央级新闻媒体，以党报、电台和电视台的新闻综合频道为代表的地方媒体，大型新闻网站，一些受众广泛、具有一定影响力的晚报、都市报类、娱乐休闲类、信息服务类媒体一般被称为主流媒体，它们因报道严肃、深入，体现主流思想，而享有较高的声誉，具有相当的影响力，是社会主流人群所倚重的资讯来源和思想来源。在涉警报道中，主流媒体一般多从正面进行报道，展现了警察积极开展警务活动、热心服务群众、具有高度社会责任感的群体形象。有人曾对《人民日报》一年内的涉警报道进行统计，发现其中对警察正面报道的数量占到了 61.2%，中性报道占到了 32.7%，而负面报道的数量仅占到了 6.1%。① 但在网络自媒体环境下，公众不再把主流媒体作为日常信息源，不再把党和政府的媒体作为对重大新闻事件的新闻背景与解释，很多人已经变得"上网不看报，信网不信媒"，主流媒体正面宣传警察的传播力、影响力正日渐减退，在公众质疑权威、娱乐恶搞的心态影响下，主流媒体对警察的宣传常常被认为是作秀，甚至出现"正面宣传、负面解读、庸俗理解"② 的反向结果。

同时，传媒业的快速扩张使得媒体之间的竞争白热化，媒体要生存，必须争夺读者的眼球，而公众对警察负面形象的关注度远远高于对警察正面形象的关注，于是一些主流媒体也紧随网络之后，加入对负面涉警事件的报道中，甚至将一些网络上流传的不实信息不加核实甄别就加以引用、进行评论，损害了警察的形象和公信力，也加剧了警察执法话语影响力的衰减。

（五）警察自身在应对负面涉警事件中的话语失误，进一步降低了警察执法话语的权威性

和网络上汹涌而来的批评声、质疑声相比，公安机关的主动发言与自我表达显得非常有限，即使主动发声，有时也会由于语言不够谨慎而招致

---

① 顾睿. 警察形象的媒介呈现——以 2011 年《人民日报》和《南方都市报》的报道为例. 安徽大学硕士学位论文，2012.

② 戎尽寒，周彦宁，黄建国. 信息社会背景下警察执法权威面临的挑战及其重塑. 公安研究，2011（2）：69.

舆论反感和质疑。例如，2019 年 10 月发生的云南女大学生李某草死亡事件，之所以短时间内发酵升级成为全国关注的公共舆情事件，与警方舆情回应话语不当有密切关系。对于爆料内容，公众的第一反应是求证其真实性及了解调查进度，但官方通报却将重点放在介绍"发现帖文后高度重视""立即成立工作组核查"等处置过程。警方对舆情反应之快速与调查工作毫无进展之间形成强烈反差，评论被大量转发使警方陷入了全面的信任危机。类似的事件一再发生，使警察执法话语的权威性不断受损。

第四节
自媒体环境下警察执法话语权威重塑

警察作为社会秩序的维护者，社会环境的管理者，其执法权力是法治社会、文明社会的象征和保障，如果警察连基本的执法话语权威都得不到尊重和保障，警察的执法就失去了权威性，法律的威慑力就难以发挥其应有的作用，这也必然影响到社会治安的管理效果。2020 年 12 月，第十三届全国人大常委会第二十四次会议通过《刑法修正案（十一）》，将袭警单独设置为法定刑。据媒体报道，2021 年 3 月，袭警罪正式入刑的第一个月，检方就依法批捕 405 人，起诉 101 人，涉嫌袭警犯罪的嫌疑人多采用辱骂、推搡、撕扯、殴打等方式袭击执行公务的民警[①]。频繁发生的袭警案件，某种程度上可以说就是警察执法话语权威性降低、警察执法权威弱化的直接后果。

化解自媒体环境下警察执法话语权威危机，除了以多种手段和方式营造尊重警察执法的外部环境外，还需警察自身修炼内功，提高执法话语能

---

① 袭警罪入刑 1 个月 405 人被捕：多与醉酒有关．[2021-5-19]．新京报．https：//www. bjnews. com. cn/detail/162141957214014. html.

力，并在网络平台与公众的沟通方面作出积极努力。

一、 习惯镜头下执法， 提高基层民警的执法话语能力

2019 年 12 月，公安部制定了《公安机关维护民警执法权威工作规定》，其中第二条明确规定，公安机关及其民警应当严格依法履行职责、行使职权，树立严格规范公正文明的执法形象，提升执法公信力和执法权威。在新的社会历史条件下，民警要习惯在公众的镜头下执法，能够在手机镜头前展现优良的执法素养与话语能力。

（一） 执法中要坚守话语的法律性

国家赋予了公安机关有别于其他行政执法机构的强制手段和武力保障，同时也对公安机关严格执法提出了更高要求。警察作为执法者，代表的是法律法规的意志，公众对警察执法话语的信任依赖警察执法行为的合法性与合理性，民警只有不断提高法律素养，熟悉相关法律法规，才能在执法中无论是陈述事实、阐明事理，还是引用法条，作出决定，都能有底气；面对执法对象的当众质疑、诘问，才能有理有据反驳应对；对无理取闹者、阻挠执法者，才能义正词严、规范执法，从而树立警察执法话语权威。

在镜头下执法，坚守话语的法律性是树立警察执法话语权威的根本保证。只要坚守话语的法律性，即使为拍摄者所扩散，也可以使之成为一场全民普法宣传。交警纠正违法行为是直接面对普通民众最多的执法活动，分析被网络热传的"教科书式交警执法"案例，发现它们有一个共同特点，就是执法交警在执法过程中都展现出精湛的法律素养和良好的语言表达能力，他们不但能晓之以法，清晰讲明其行为不当之处及违反的相关法律条款，使违法行为人充分认识到其行为的错误，还能够动之以情，晓之以理，对违法行为人的批评教育或处罚，让其心悦诚服。2020 年 7 月，轰

动全国的"杭州江干来某某失踪案"侦破后，杭州警方召开新闻通气会①通报案件侦破情况，2000 千字的通报内容详略有度，翔实有据，既用事实和数据回应了群众关切，又坚守话语的法律性，避免透露犯罪情节、泄露具体案情，赢得网民广泛认可和高度评价。

（二）执法中要保持话语的专业度

在当前执法环境中，群众越来越成为警务工作的参与者和监督者，尤其是现场处置的执法话语以及涉警舆情的应对话语，更是对树立警察良好形象，增强公安机关公信力有直接影响。民警只有保持话语的专业度，说专业话，做专业事，才能以良好的职业素养赢得群众支持，增强执法话语权威。

现场处置警情是基层民警日常工作的重要内容，但在处置中常常遇到执法对象言辞甚至行为上的阻碍，如果执法民警对现场控制手段不合理，沟通技巧、情绪管理不到位，往往陷入被执法对象质问、追问的被动境地，在围观群众中造成不良影响，而执法话语的专业性可以大大提升警察执法话语权威。2018 年 5 月，一段上海民警的执法视频成为网红，被网友称为"教科书式执法"。② 视频中，执法民警在对违停无牌车辆执法过程中，当事男子做出对峙架势时，民警用清晰语言进行口头传唤；当事男子不配合时，民警连续三次进行口头警告；使用警用器械时，提示无关人员避开；面对周围人拍视频，提示"你拍可以，但是不能断章取义"。处置现场专业的执法话语不但没有让警察的动用武力被视为警察"打人"，现场家属叫嚣"警察打人"声也无围观群众回应，还在网上赢得一片称赞。

（三）执法中要体现话语的共情度

有温度的话语可以拉近人与人之间的距离，有情感的交流是达成警察

---

① 杭州警方召开"杭州江干来某某失踪案"新闻通气会．［2020－07－25］．新浪网．https：//news．sina．com．cn/c/2020－07－25/doc－iivhvpwx7373533．shtml．

② 警察"教科书式执法"因规范获赞许．［2018－05－20］．新华网．http：//www．xinhuanet．com/comments/2018－05/20/c_ 1122858185．htm．

执法话语权威的助推器，警察在矛盾纠纷处置中维护法律尊严的同时，还要有情感的注入，融情于事，融情于法，促进不同当事人间的情感联结与情感互动，从而实现矛盾纠纷的化解。

实现警察执法话语的共情度，话语要合情。只有法律规定而没有情感的话语表达是冰冷的、苍白的。很多纠纷表面上是现实利益冲突或摩擦，本质上却往往是情绪的发泄与情感的不满，当事人报警是为了找警察评理，讨公道。在此情境下，法律与处罚尽管能指向理性的结果，却填补不了情感的需要。要提升警察执法话语的权威性，达到定纷止争的效果，必须抓住当事人的内心需要，通过对当事人显性情绪的关注，用话语消解过激、焦虑情绪，增强话语情感的穿透力，与当事人产生情感共鸣，以情感的力量使他们能够更好地接受与认同法律规范和警察执法话语。

若想实现警察执法话语的共情度，话语还要合境。就是要求警察在不同的场域、语境下能够把握话语情感表达的方式方法，强化话语情感的表达力。例如，针对纠纷双方都处于情绪激化的状态时，调解民警首先是真诚的倾听者，倾听当事人的情感宣泄，建立与当事人之间的信任；其次双方情绪稳定后，民警转化角色，以中立者的身份阐理释法，依法、依理、依情告知纠纷双方继续发生冲突所带来的法律后果和其他身心成本；最后民警明确指出纠纷主体的法律责任，进入有效的矛盾处理工作中，使得法律不再冷冰冰，而成为化解纠纷的有效工具。

二、 学会应对舆论风暴， 提高舆情应对的话语能力

自媒体的多样化形态加速了网络传播，令一些社会案件、突发事件短时间内迅猛发酵，掀起巨大的网络舆论风暴。警方如果不能妥善进行处置应对，就会产生恶劣的社会影响，更可能造成警察队伍公信力的折损。在镜头下执法办案，是对民警执法能力的考验；而在风口浪尖应对舆论，是对公安机关舆情处置能力的检验。

（一）完善常态沟通机制，增强警察执法话语免疫力

警察执法话语的权威性、影响力不是凭空而来的，也不是靠警察的主观控制强加给社会公众的，而是建立在公众对警察信任的基础之上。有了公众的信任，警察执法话语才可能具有免疫力，当涉警负面信息出现时，公众才会站在警察的立场上进行评判，才会作出冷静、客观的判断；即使警察发生不当言行，及时纠正后也能得到公众的理解和谅解。

在警方无论说与不说或者说什么都遭到习惯性质疑的状况下，利用自媒体主动向公众输出信息，加强与公众的常态沟通，是公安机关赢得公众信任的一个重要途径。近年来，政务新媒体蓬勃发展，从过去"两微一端"向短视频领域延伸。但不少新媒体或不言不语，长期不更新信息；或自言自语，只管复制粘贴，没有互动服务；或胡言乱语，盲目"吸粉"，甚至成为舆情制造者，严重损害公安机关形象。

各级公安机关应通过建立新媒体工作团队、完善新媒体管理制度，将警务新媒体打造成警民双向联系交流的主渠道，利用新媒体提供各项便民服务拉近警民情感距离，在了解公众呼声、解答民众疑问、澄清传闻和流言中建立警民良性关系。2013 年 3 月，杭州发生一起"扑克牌女尸案"，为尽快将凶手缉拿归案，余杭警方发布相关微博，向民众公开悬赏征集有效线索，引起诸多推理爱好者的注意。案件告破后，余杭警方发了 2000 千字的长微博，介绍了详细案情，对于网友关注的"扑克牌"做出了回应，还用大量笔墨介绍了网友通过网络参与互动的细节，肯定了网友在破案过程中的积极作用，受到了网友的热捧，[1] 拉近了警民之间的感情，激发了网民理解、支持和参与警务工作的热情。网络常常是负面舆情的集散地，公安机关如果用心经营，还可以让它成为塑造警察正面形象、传递正能量的重要阵地。2021 年 1 月 22 日，昆明一中学门口发生一起劫持人质案件，一名男子持刀致 7 人受伤后，劫持 1 名人质。犯罪嫌疑人被警方当场击毙，事件致 7 人受伤，1 人经抢救无效死亡。微博话题"昆明发生一起劫持人

---

[1] 杭州"扑克牌女尸案"告破警方通稿受网友热捧. 南方日报，2013-4-25.

质案"阅读量迅速破亿，舆情快速发酵。"对峙 2 小时里发生了什么"成为舆论关注焦点。昆明警方及时发布通告、召开新闻通气会回应舆论关切，主流媒体也披露更多案发现场情况，嫌疑人被击毙后现场掌声雷动；被劫持男孩自始至终冷静应对；当天才拿到记者证的女记者挺身而出，走到嫌疑人身边与其交涉；有警察为了赢得嫌疑人信任，脱掉衣服证明自己没带武器；有警察要求用自己去换男孩当人质等。① 微信公众号"中央政法委长安剑"评价"这是一个全员英雄的故事"，舆论场呈现出一种"全员勇斗歹徒"的正能量氛围，② 取得了良好的社会效果。

（二）抢占媒体话语先机，增强警察执法话语影响力

国务院办公厅印发的《〈关于全面推进政务公开工作的意见〉实施细则》要求推进"五公开"，做好政策解读，对涉及特别重大、重大突发事件的政务舆情，要快速反应，最迟要在 5 小时内发布权威信息，在 24 小时内举行新闻发布会。国务院新闻办也要求对舆论引导做到"尽早讲、持续讲、准确讲、反复讲"，"尽早讲"就是要抢占话语先机，及时进行回应。信息时代是"先声夺人"的时代，无论是谣言还是真相，最先公布的信息总是更容易获得信任。而谣言一旦占了先机，就会以一种难以置信的速度传播，越传越失真，越传越有人相信，这时的辟谣只会激发人们更大的好奇心和逆反心理。因此，一旦出现负面涉警舆情，一是要及时说，公安机关必须在第一时间发布权威信息，在最短时间内以最快的速度把事实真相以及问题的处理方法等有效信息告知公众。与其将来陷入被逼问之下不得不回应的境地，不如掌握话语主动权，主动说与公众听，成为媒体报道和舆论关注点的引领者，这也是警方话语具有影响力的基础。二是要准确说，要对网络上质疑的核心问题给出明确、清晰、有说服力的回应，避免回应不善反而刺激出新的舆情。美国社会学家 G. W. 奥尔波特和 L. 波斯特曼总结出一个谣言的公式：谣言＝（事件的）重要性×（事件的）模糊

---

① "昆明劫持人质事件"：普通人的勇敢. 南方周末，2021-1-24.
② 尹斌. 昆明发生劫持人质案件，警方快速妥善处置降温舆情. ［2021-02-02］. 法制网. http：//www.legaldaily.com.cn/index/content/2021-04/02/content_ 8472454. htm.

性，就是说谣言的产生和事件的重要性与模糊性成正比关系，事件越重要而且越模糊，谣言产生的效应也就越大。因此，只有用真实客观的信息及时消除事件的模糊性，才能取信于民，才能让警察执法话语具有权威性。三是要连续说，自媒体随时随地发布信息的特性，要求警方将信息发布视为一个长期的动态过程，而不是一次性的静态事件。事件发生之初，官方难以全面、系统地掌握所有信息，要做到了解多少、公布多少，随着调查进程的不断推进，要持续跟进，不断发布新信息，不断回应新质疑，满足公众各阶段的信息需求，这样才能将话语权牢牢掌握在手中。四是要重视并做好舆论引导工作，以主动释放权威信息的方式来吸引舆论紧跟官方议题，减少网络碎片化和不实信息对舆论情绪的冲击，尤其是一些关键节点，要加强动态发布工作，避免舆论失焦，导致公众的愤怒情绪因无法找到宣泄口而不断累积，最终冲向整体法律机制和司法制度。

前文所述 2019 年 10 月"云南女大学生李某草死亡事件"中，昆明市公安局为避免舆情危机程度加剧，及时介入接管调查处置和舆情回应工作，一则案情通报将案件处置引导至依法依规处理的框架内。这份字数不多却内容丰富的通报切中舆论多重心理，令鼎沸的舆论迅速冷却下来：一是介绍尸检、司法鉴定等进展，宣布提级成立专案组、市级检察机关介入督察，用扎实有力的工作向舆论核心关切作出了"第一回应"；二是公安督察部门成立工作组，倒查盘龙分局前期工作，直接击中了网民要求追查责任的诉求；三是"坚持实事求是、一查到底""一定公正执法、查清真相"的有力表态，以权威身份安抚舆论情绪，遏制住了事态的恶化趋势，为后续调查工作争取了时间。① 在信息时代，及时充分的信息公开已成为社会"刚需"，封锁消息或者糊弄式回应只会导致更多质疑，导致相关谣言满天飞，公众被"带了节奏"，之后再想拿回舆论主动权就很难了。面对涉警舆情，公安机关必须主动作为、及时回应，表现出最大限度的真诚，主动发布权威信息，公开回应舆论关切，及时披露事件进展，化危为机，实现与社会公众的良性互动。

---

① 昆明市公安局针对李心草死亡事件成立专案组 . 今日头条，2019-10-16.

（三）持专业精神和态度，增强警察执法话语公信力

自媒体不仅是麦克风和扩音器，还是一面放大镜，公安机关执法过程中的任何一个微小细节都有可能被放到放大镜下进行审查，而且来自民间的调查者中不乏具有专业水准的人士，因此，公安机关在网上的每一次发声，无论是主动发布信息，还是回应网民质疑，都应该坚持专业精神，体现专业态度，发布调查得到的事实，而不是急于下结论。事实是相对客观的存在，而结论是相对主观的内容，只陈述事实而不下结论，让公众了解事实之后自己得出结论，才是成熟的网络应对方式。同时，回应网民质疑时也不必一味迎合网民观点、唯网络舆论是从，万万不可受制于舆论，迎合舆论。应当直接说明原委，不避讳管理责任，及时公布应急措施；如果犯了错误就直面问题，不找借口不找"背锅侠"；是职务行为的不简单归结为个人行为，是体系漏洞的不片面强调环节责任。只有专业的解释才是最有说服力的，才能赢得公众的支持和信任。2019 年 7 月 20 日发生在湖南衡阳"警察夫妇打人"舆情事件，湖南衡阳人贺某某自曝遭一对警察夫妇无故殴打至昏迷，打人者是衡阳市一派出所副所长和女子看守所所长。随着相关视频的扩散，舆情迅速发酵，涉事人员遭到舆论围攻。7 月 22日，衡阳公安局通过微博和微信公众号发布通告，随后媒体还原事态全貌，舆情随即发生反转。被自媒体称为 2019 年涉警案件"史诗级反转"。"中国警察网"微信公众号评论称"警服从来不是'枷锁'，如果民警连自己的家人都无法保护好，又如何能保护好人民群众呢""@ 人民日报"也发表短评称"保护不了妻、幼，谈何保护群众"引发网络刷屏转载。因此，能说的要主动说，能公开的不回避，让群众了解更多，才能获得更多理解和支持。很多事，挑明了说也就占据了舆论主导权，神神秘秘才会产生"遮遮掩掩必有玄机"的印象。虽然网民的表达倾向于情绪化，但主流舆论和相关利益群体，还是会对舆情回应及实情处置工作有客观的评价。这些评价并非只是对单一事件处置的看法，而是对公安机关的整体态度和综合评价。

（四）贴近民众表达方式，增强警察执法话语亲和力

网络时代，微博、微信公众号等新媒体是公安机关与民众对话的重要媒介，通过何种方式与网友交流才能达到预期效果，也是需要认真考虑的问题。警察网络传播话语也需要具有灵活的话语风格，既可以有正式的书面语，也可以有口语化和网络语，还可以有动态表情等非语言符号，居高临下的说教、不容置疑的发布、刻板生硬的表述，官话、套话、废话，甚至情绪化言辞都会引起公众的反感。

只有通过合适的话语才能实现公安信息传递及与民众的对话，赋予枯燥的法律规定以生命，冰冷的事实以温度，实现舆论引导以及形象塑造的目的。因此，警察在网络上发声，还需要"学会说话"，学会用轻松活泼、不拘一格、具有亲和力的语言与网民沟通交流。"好的公安微博应该是多面的，卖得了萌也板得起脸，吐得了槽也玩得转文艺①。"各种火热的网络题材被各地公安机关几乎用了个遍，受到网民的追捧。其实，网民追捧的是警方亲民语言风格背后透露出来的尊重网友、能与网友友好沟通的姿态，是公安机关在网络时代为更好地服务群众做出的积极转变。但同时要注意到，亲和力不是取悦公众，不是一味地语言迎合，若一味追求风格形式，为了圈粉而卖萌，忽略内容的重要性，就会失去自我，时间一长也会令公众厌烦。要尽量使用表达关爱和人性化的语言以及图片、故事、案例等，使信息变得鲜活起来。同时多使用"行动性信息"②，也就是马上要采取的行动，接下来会采取的措施和公众即将得到的救助，或者公众应采取的注意事项、自我保护措施，而不是抽象却没有实质内容的安慰，或者冷冰冰的专业术语，或者情绪化的言辞，否则只会进一步刺激舆情热度不断走高。语言风格只是警民互动的手段，不管是正统还是诙谐，让警察执法话语具有亲和力，从而建立起良性的警民互动交流，才是最终目的。

---

① 只要群众喜欢警察"蜀黍"卖萌不算啥. 法制日报，2012-11-22（5）.
② 秦露. 互联网时代如何执政与为官. 党建读物出版社，2012：152.

第五章 警察执法语言能力培育

　　警察执法语言能力是一种软实力，而语言能力的提高是一个长期的过程，不可能一蹴而就，必须有计划地、系统地、科学地加以培育。如果能抓住公安院校大学生在校学习的有利时机，让他们在完成大学生到人民警察角色的转换之前，接受规范、有效的语言能力训练，将会收到事半功倍的效果。

第一节
警察执法语言能力是一种软实力

"软实力"是哈佛大学教授约瑟夫·奈（Joseph Nye）首创的概念，他将综合国力分为硬实力与软实力两种形态，硬实力（HARD POWER）是指支配性实力，包括基本资源（如土地面积、人口、自然资源）、军事力量、经济力量和科技力量等；软实力（SOFT POWER）则包括国家的凝聚力、文化被普遍认同的程度和参与国际机构的程度等。这一概念的提出，启迪人们用"软实力""硬实力"这样的新概念、新思维，去探讨国家以外的其他主体的综合实力。

语言能力是一种国家软实力已成共识，教育部、国家语委发布的《国家中长期语言文字事业改革和发展规划纲要》（2012—2020）里，把公民语言能力纳入国家语言文字的工作任务中。因为公民的语言能力加合起来，就是国家的语言能力。国家在处理救灾、反恐、维和等海内外各种事务时都需要得到及时、合适的语言支援，这些语言支援就涉及公民语言能力和国家语言能力。① 同样，警务工作离不开语言表达，单个民警的语言能力和素质加合起来，就是警察队伍的语言能力，而警察队伍的语言能力是警察整体素质、能力的重要体现。"言为心声"，事实上，于警察而言，语言能力是思想认识、专业能力、工作经验、情感态度、理解能力、表达能力等的综合体现，是真正的软实力。

当今，随着现代社会多元化利益的发展和社会主体多元化的推进，警

---

① 李宇明.语言也是"硬实力".华中师范大学学报（人文社会科学版），2011（5）：69.

察的作用更偏重于社会服务和维持治安，更多的时间是用在与犯罪活动不相关的事务上。在美国，其警察训练更强调日常工作中社会作用的发挥，主要有六个方面的基本训练：人际交往能力、实施武力和使用武器的能力、刑事司法系统知识、交流能力、法律能力、巡逻和刑事侦查能力，其中只有两项直接与对敌斗争相关。而其中的人际交往能力强调警察的全面发展，目的是使之成为能够应付复杂社会环境的人，训练科目包括人际关系、纠纷调解、危机处理等；交流能力涉及进行审讯时所需要的技能技巧，如写报告书、语法拼写和身体语言等，突出强调警察的语言表达能力。[①]

在我国，公安机关是人民政府的重要职能部门，警察特殊的职业身份要求民警必须具备更加出色的语言表达能力，能够运用语言正确传递信息、准确交流情感、严肃公正执法、化解矛盾危机、展现良好形象。群众工作中要求民警讲究表达技巧，用通俗易懂的语言和群众打成一片，赢得群众的理解和信任，进而推心置腹地交流思想；服务工作中要求民警用语文明、温和、规范，塑造公安队伍的良好形象；执法中要求民警用语准确，判断恰当，证明有力；调解纠纷中要求民警既遵循原则，又能设身处地，明之以法，晓之以理，动之以情，化解矛盾，平息事态，把各种不安定因素化解在基层，消灭在萌芽状态；与违法犯罪分子做斗争，在很大程度上更是一种语言的较量。因此，语言能力是民警做好警务工作必须具备的软实力。

第二节
警察执法语言能力需要专门培育

语言能力不能速成，需要经年累月的环境熏陶、教育培养和自身历

---

① 王卉．加强公安院校大学生语言能力的策略研究．广州市公安管理干部学院学报，2010（1）：59.

练。警察执法语言能力既包括运用口头语言条理清晰、逻辑严密地表达自己的观点的能力，也包括运用书面语言制作出合格的党政公文和公安法律文书的能力，其养成都需要经过专门的训练。

一、警察口语表达能力需要经过科学系统的训练

从某种意义上讲，警务活动既不是一般的脑力劳动，也不是体力劳动，而是一种"嘴力"劳动。可以说，没有良好的口语表达能力，是难以胜任这项工作的。而口语表达的过程，是一个复杂的生理、心理活动过程，是人们将自己的内部语言迅速转换为外部语言的过程。在说话的过程中，呈现出内部思维—口语表达—内部思维—口语表达的循环形式。人们在运用口语表达一个意思时，思维只是集中到表达的内容上，而后靠传输到嘴边的词语迅速发出声来，嘴上说着的是刚刚想过的；而心里想的却是下面打算说的内容。在这个过程中，从思维到快速选词组句到口头表达，都是闪电般快捷。如果不经过系统科学的训练，中途极易出现障碍，从而影响说话的效果。同时，说话要言之有物、言之有序、言之有文，言之有物要求口语表达必须有充实的内容做依据；言之有序要求口语表达必须根据说话的主题和中心设计程序，安排层次；言之有文要求口语表达要有文采，要生动。口语表达的这些基本要求，非经专门系统的训练是难以达成的。

正是由于口语表达过程复杂，要求较高，叶圣陶先生在 20 世纪 20 年代就提出要把口语训练当作开启学生思想之门、激发学生发表之欲的"总枢纽"。叶圣陶先生认为，一个人不会说话，主要不是因为心里有意思嘴上说不出，而是因为他心里的那点意思还处于朦胧的状态，或者还很不完整，所以不会说话也就是不会思想。一个拙嘴笨舌的人，往往就是一个思想长期处于含混凌乱状态的人。因此，对于说话这件事"不能只让儿童随便去摸索"，应当"在学校里特意地训练"。"不经过特意的训练，因实际的需要，话是仍旧要说的，但如果没有系统的训练、引导，犹如在黑暗中摸索，可以摸到什么地方是说不定的。而所谓习惯成自然却是常遇证明的通则。像这样自然地练下去，往往成为永久只会零碎地说，朴陋地说，不

完整地说，而且思想感情也跟着零碎、朴陋、不完整起来。"① 只有经过训练，说话才可能由能够说达到善于说。

叶圣陶先生的这些观点虽然是针对基础教育阶段而言的，但基于口语表达能力在警务工作中的极端重要性，这样的观点同样适用于警察教育。在公安工作中，民警要在复杂的场合面对不同的对象，解决各种繁杂的问题，只有经过口语训练，才能锻炼在大庭广众、众目睽睽之下说话的心理承受能力，使其在任何场合都可以镇定自如、游刃有余。口语表达的好坏还与人的知识面、逻辑推理能力、反应速度等因素密切相关，只有经过专门训练，才能提高其思维速度和精度，锻炼其由此及彼、由表及里的逻辑推理能力，培养其独立思考的能力，从而全面提高其整体素质。因此，民警要达到善于口头表达的要求，非经过系统科学的专门训练不可。

二、 公安文书写作能力需要经过科学系统的训练

技能的掌握一般需要经过三个阶段：基本知识与原理的习得阶段，知识原理向技能转化的阶段，在特定情境中运用技能处理具体问题的阶段。公安文书写作是一个复杂的精神生产过程，属于技能的范畴，不经过科学系统的训练，是不可能完成这三个阶段的任务的。

（一）写作主体对事物形成认识、观点的过程需要经过训练

从认识论的角度来看，写作主体在动笔写作前和写作过程中，对事物的认识和理解，需要亲自经历、体会，增强对事物的感性认识，同时还需要掌握多方面的文化知识加深对事物的认识和理解。写作主体的知识面广、文化水平高，掌握的信息量自然就大，思维也必然开阔。但要真正对事物形成全面、准确、深刻的认识和理解，还需要经过信息筛查、提炼、升华的思考这一实践过程。只有经过多要素、多层次、多结构、多机制、多过程、多功能、多因果联系的综合分析，使思维伸展到较广的领域，实

---

① 叶圣陶．说话训练//叶圣陶教育文集（3）．人民教育出版社，1994：24.

现从局部到整体的联系，才能够参透客观对象的本质，深刻揭示事物的内在必然性，这个过程需要经过科学系统的训练。

（二）公安法律文书制作主体法律意识的形成需要经过训练

公安法律文书制作不单纯是写作问题，更是法律问题。公安法律文书的内容要求、格式规范，体现的是以事实为依据、以法律为准绳的法治原则，反映的是制作主体的程序意识、诉讼意识、证据意识。真实性、法律性作为公安法律文书最重要的价值取向，"体现写作主体内心世界对法律写作真的美学理想与善的伦理道德自觉自发的追求与主张，体现个人意志、社会共同意志和客观存在三者在写作者意识中自觉的统一，这种追求、主张与统一积淀为写作者法律人格的内核之一，必然外化为一种求实态度、法律精神和写作行为"。[①] 这一积淀的过程同样离不开系统训练，只有在结合具体案情制作相关法律文书的训练过程中，制作主体才能对公安法律文书中蕴含的法的精神有深刻领会，才可能不把公安法律文书仅当作法律活动的一种形式和附属。

（三）制作出符合规范要求的公安文书需要经过训练

公安文书种类繁多，内容庞杂，文书制作主体只了解不同文书的主要内容、格式要求和写作要领，是不可能制作出符合规范要求的文书的。只有经过专门训练，对文书"知其所以然"，才能对看似死板、生硬的格式规定有正确的理解和认识，从而在文书写作中举一反三、触类旁通，否则文书制作只能成为一种"照猫画虎""依葫芦画瓢"的简单模仿。

---

① 杨爱林.论构建操作性的法律写作能力系统.四川理工学院学报，2011（4）：114.

第三节
公安院校语言教育教学现状

新时代，科技创新和社会发展促使语言领域发生了全方位、深刻，甚至颠覆性的变革。例如，语言使用主体在变化，语言由人使用的工具变成人和机器共用的工具；语言使用场域在变化，由现实空间延伸至网络空间；语言使用方式在变化，包括语言的表达方式、接受方式、存储方式、处理方式、传输方式、表现方式、阅读及语言信息获取方式等；语言文字本体在变化，特别是词汇；语言的内涵和外延也在变化，其定义正在被改写。[①] 在这样的时代大背景下，网络环境尤其是对公安院校学生的语言文字能力产生了严重冲击。由于过度依赖计算机和手机而造成读书少、写字少，提笔忘字、书写错误经常发生；生造词语、网络用语随处可见；口语表达不顺畅、逻辑不清晰现象比比皆是。通过对公安院校毕业生适应工作情况的跟踪调查，结果发现，语言表达能力差是近年来毕业生的一个普遍而突出的问题。调研中，实践部门领导"民警不会写作是件很痛苦的事情"的感慨让我们印象深刻，我校毕业生"工作后才知道说话、写作多么重要，真想回学校重新学习"的真情流露让我们感同身受。造成如此状况的原因，与公安院校语言教学中存在的问题不无关系。

一、 没有完整的语言能力培养课程体系

语言能力的培养是一个复杂的系统工程，需要学校制定清晰的培养目标，并围绕培养目标科学地设置相关课程，构建完整的语言能力培养课程

---

① 赵世举. 新时代我国语言文字事业转型发展刍议. 社会科学家，2020（10）：14.

体系。目前，虽然各公安院校逐渐重视学生语言能力的培养，但在课程设置上还没有顶层设计，没有构建起完整的语言能力培养课程体系。

（一）课程开设随意性大，缺乏科学性和系统性

大部分公安院校开设了"大学语文""公安应用写作"等必修课程，由于效果不明显，其地位逐渐被边缘化。一些院校的公安应用写作课不再涉及公安法律文书，这部分内容由相关专业课完成。而相关专业课教学不会从写作的角度对法律文书进行方法与技能的教学训练，法律文书写作成为学生的短板。一些院校虽然零星设有"普通话训练""社交礼仪""演讲与口才"等课程，但都是课时不多的选修课，而且大都是依据教师兴趣、专长开设的，开课比较随意，缺乏课程设置的顶层设计和科学统筹。

（二）课程各自孤立，缺乏与专业课的协同性

一些口语表达课程，只从单一的口语能力培养入手，以提升语言表达的流利程度为教学目标，忽视了学生的心理素质对其语言表达能力的重要影响，也忽略了语言表达当中的交流性，不能引导学生从公安民警的角度考虑语言表达的合理性，导致很多语言能力培养课程的教学效果几乎与普通话练习无异，授课中的理性思维过强，而感性思维严重不足。

语言表达能力与学生的法学、心理学、逻辑学、社会学等学科素养有着密切关系，但"大学语文""公安文书写作""司法文书写作""公文写作""文学鉴赏"等语言类课程与"侦查讯问学""犯罪心理学""犯罪社会学"等专业课缺少系统的联系，缺乏相关学科的协同与互动，不能帮助学生树立语言表达系统工程的观念，没有抓住这些课程之间的契合点，协同提高语言表达能力。

二、 缺少针对性强的警察执法语言训练课

于学生而言，在中学长期受应试教育的影响，口语表达能力训练相对欠缺；大学里课堂学习时间仍占较大比例，传统的"一言堂"教学方法也

还占主要地位；公共课几个班级合上的较多，课堂上学生表达的机会较少。口语表达能力成了普遍短板，经连续多年对我院学生所做的调查问卷发现，学生对自我的口语表达能力认可度较高，但实际能力与其自我评价相差甚远。主要问题有：听的能力不足，在交流过程中无法快速准确领会对方话语内涵，因而无法做出及时准确的回应；表达流畅度不够，口语表达过程中，词语前后位置颠倒、语句跳跃等问题影响了口语表达的流畅性，也影响了信息传递的准确性和明晰性，甚至引起误解；表达逻辑性不强，表达的中心不突出，主次不清，让人感觉费解，很容易被对方抓住漏洞；表达有畏惧心理，很大一部分学生不习惯在公众场合开口说话，存在紧张、畏惧、抵触心理，使语言表达更加琐碎，凌乱。探究出现这些问题的原因，主要还是学生自身知识结构方面存在问题，对语言使用过程中的各种因素不能有效把握和熟练运用，平时口语表达的训练严重不足。

而警察执法语言不仅需要具备一般的口语表达能力，还要求能够结合专业知识有理有据地表达，尤其是要由其执法思想指导其执法行为和执法语言。民警只有牢固树立"立警为公，执法为民"的思想，认识到严格执法、尊重人权、维护公正的重要性，民警的口语表达才能自然而然地将这种内在的思想表露出来，做到讲文明话、讲平等话、讲得体话、讲专业话。懂得尊重当事人，善于运用合法、合情、合理的现场执法语言，体会其感受、了解其需求、维护其利益，做到以理服人、以情动人，才能真正实现法律效果和社会效果的统一，刚性法律与柔性执行的完美结合。但公安院校基本没有开设专门的警察执法语言训练课程，而现有的与语言能力培养有关的课程，如大学语文等，也只注重一般通用语言能力和人文素质的培养，没有涉及警察职业语言的培养。与执法有关的专业课程，绝大多数教师也尚未意识到执法语言能力训练的重要性，也未能在专业教学中有意识地对学生的执法语言提出明确要求，更谈不上进行有意识的训练。

三、 应用写作课教学效果不明显

公安应用写作能力是公安岗位核心能力之一，是公安民警职业素养的重要体现，是公安院校所有专业人才培养必备的一项重要能力指标。为此，全国公安院校大都开设公安应用写作课，并将其列为专业基础必修课。但目前大家普遍认为该课程处于"三无"状态："无效"，课程一般只有40多个课时，教学常常捉襟见肘，写作训练只能"点到为止"，学生学习课程后依然无法应对工作中的基本写作任务；"无用"，学生没有实际工作经历，对公安应用写作能力在实践中的重要性缺乏认知，缺少学习动力；"无趣"，课程本身内容枯燥，趣味性差，缺乏吸引力。

公安应用写作课程主要包含写作理论、通用文书（党政公文、事务文书）和公安专用文书三大板块。无论是公安部规划教材还是其他通行教材，虽然略有差异，但都是将三大板块内容按照"写作理论、党政公文、事务文书、公安刑事法律文书、公安行政法律文书"的体例编排章节。不同院校教学中在教材内容处理上会各有侧重，但基本体例不变。这种体例结构，通用文书部分是按照公文是否具有法定性划分的（党政公文为法定公文，事务文书为非法定公文），虽然种类划分清晰，但各文种的难易程度有很大差异，有的内容单一、篇幅短小，如一般性请示、函、会议通知等；有的内容庞杂，篇幅宏大，如报告、总结、讲话稿、先进事迹材料等。对于没有任何工作经验的大学生来说，各种具体文书长短交错，难易相杂，学习难度忽高忽低，很难把握写作规律和方法，结果是只记住了一些文书格式、写作要求，而难以提高实际写作能力。而公安专用文书部分按照案件性质分为刑事法律文书、行政法律文书，各章又依据诉讼程序排列具体文书，这种体例虽然与公安机关办案程序一致，便于学生与专业知识相结合，有利于实现法律文书写作能力与公安专业素养的同步提高，但同样存在表格式文书、叙述式文书、笔录式文书交错混杂的问题，不利于学生把握写作方法。

四、 公安法律文书实训教学未能贴近实战

公安法律文书制作能力是公安执法岗位核心能力的重要组成，但由于公安法律文书本身种类繁多，格式庞杂，理论性不强，有限的课堂教学很

容易陷入"基本概念+格式写法+例文分析+写作训练"的模式中，经过公安应用写作训练的学生大都依然缺乏较高的法律文书写作素养与能力，制作出来的公安法律文书不规范，毕业到岗后还需经过一段较长时间的适应甚至是重新学习，才能掌握制作技能。在"教、学、练、战"一体化教学模式中，实训教学属于"练"的环节，"练"前承"教""学"，后接"战"，教为学，学为练，练为战①，实训教学在其中居于至关重要的地位。但从目前实训教学的开展情况来看并不理想，很多名为实训，实际上只是简单增加了一些练习课时而已，并非真正意义上的实训。

所谓实训，是为掌握某种技术或技能而在真实或者仿真的环境中进行反复训练的活动，以使学生熟练掌握职业技术技能，并培养学生的职业素质②。公安法律文书的实践性强，实训教学至关重要。但目前的实训教学只是加大训练课时、增加练习内容，成了课堂教学的诠释和补充。具体而言，主要表现在以下几个方面：

（一）训练内容陈旧虚构，材料原始性不足

提供案件材料让学生制作指定文书，是公安法律文书实训教学中最便捷也是最实用的训练方法。但是在具体操作中，教师所提供的案情材料大多是从已出版的案例汇编或者网络上公布的案情材料中提炼出来的，这种案情材料往往是多年前发生的案件，较为陈旧；即使是从实践部门找来的真实案例，有的教师贪图省事，往往一个案例使用多年，无法反映最新的社会动态及法律变化；有的找不到合适的案情就进行虚构，与事实存在较大的距离，甚至与现实完全脱节。同时，提供案情材料时，为了减少材料篇幅，一般会对材料进行概括提炼，学生依据经过提炼的案情片段进行法律文书训练，思维往往受到有限材料的束缚，无法体会真实写作情景，无法真正得到依据零散、杂乱的证据材料着手公安法律文书制作的训练，结果是训练做了不少，却效果不佳。

---

① 韦志兆 . 论"教、学、练、战、研"一体化 . 中国人民公安大学学报（自然科学版），2010（2）：104.

② 陈莉，黄荣怀，等 . 从精品课程看我国高校的实践教学 . 开放教育研究，2008（2）.

（二）训练方式单一，学生积极性不高

由于受学校实训场所、课时安排、学生人数等条件限制，公安法律文书实训教学方式普遍较为单一：一是单项训练，就是在讲完一种公安法律文书相关内容后，提供简单案情材料，要求学生完成该种文书的制作；二是综合训练，就是在课程教学最后，提供案件全面材料，要求学生分组完成全部相关文书的制作；三是模拟训练，如模拟询问、讯问场景，由学生分别扮演询问/讯问人、被询问/讯问人、记录人，完成询问/讯问笔录的制作。这三种实训方式，前两种都属于给材料写作，学生一开始还对不同案情有新鲜感，几个训练做下来就会因单调而失去兴趣和动力，训练效果大打折扣。第三种方法虽然仿真性更强，学生参与的积极性更高，但为案件材料所限、指导老师缺乏实战经验，扮演询问/讯问人、被询问/讯问人的学生不了解一线办案的实际情况，往往是训练过程热热闹闹，实际效果聊胜于无。

（三）实训项目设计不科学，实训教学仅成为课堂教学的补充

由于没有完全排除传统教学模式的干扰，公安法律文书实训项目设计往往就是凭空想象，没有紧扣公安工作实际。有的实践项目设计不科学，没有考虑到现有条件、不确定因素的限制，导致实训项目只是勉强完成，并没有达到理想效果；有的项目设计缺乏系统性，漏掉一些重要的单项训练，导致综合训练连贯性、全面性大打折扣。

（四）重"练"轻"评"，教师实训指导缺乏针对性

公安法律文书实训教学中，教师的随时答疑解惑、针对性讲评指导必不可少。但是，在实训教学中，由于课时有限，教师往往只关注实训项目的完成结果，而忽视实训项目完成后典型问题的评析、共性问题的总结；学生也往往只关注任务的完成，即使老师有讲评，也不去认真思考。另外，课程教师普遍缺乏实际办案经验，即使有到警务部门实践的经历，也往往是蜻蜓点水，只了解到皮毛，对基层公安法律文书制作实际情况很难

有深刻理解和全面把握。这样，在指导学生实训中，也常常倾向于理论上的指导，而缺少实践针对性，大大影响了实训效果。同时，公安法律文书制作具有综合性，要完成规范的文书制作，除具备写作知识、能力之外，还需要具备法律知识以及相关公安业务知识。公安法律文书内容既涉及刑事法律文书，又涉及行政法律文书；教师既需要具备刑法、刑事诉讼法、治安管理处罚法、道路交通安全法等法律知识，又需要了解刑事案件办理、治安案件查处、交通违法行为处理等业务知识，在遇到稍复杂的案件时，教师常难以给学生作出精准指导。

第四节
公安院校语言教育教学改革构想

公安院校要承担起培育警察执法语言能力的重任，利用学生在校学习的有利时机，让他们在完成由大学生到人民警察角色的转换之前，接受规范、有效的语言能力训练，就必须对语言教学进行全方位改革。

一、 构建科学的语言能力培养课程体系

提高公安院校学生语言能力，开设相关课程是行之有效的方式。应在课程设置上做好顶层设计，构建以警察执法语言训练课、公文写作课、公安法律文书写作课为核心，以基础写作课、交际心理学、社交礼仪、文学经典阅读课为延伸，以专题讲座、辩论、竞赛等活动为补充，必修课与选修课相结合、语言课与专业课相配合的语言能力培养课程体系，具体分为三个层次的课程群。

（一）核心课程群

语言能力培养的核心目标是提高学生的执法语言表达能力和应用写作能力，因此可以直接开设警察执法语言训练、公安法律文书写作、公文写作等课程，立足语言能力的提升，做好学生的口语基础训练、公文写作训练和法律文书写作训练，并将这些课程设置为必修课，保证课程时间、课程质量，不单要进行课程考核，还要求学生在校期间参加语言实践考核，以促进更好地达到开课目标。

（二）拓展课程群

语言能力不单是一个人语言表达能力的体现，更是其思想认识、理论水平、知识积累、工作生活经验等的综合反映，因此还需构建拓展课程群，将基础写作、申论写作、文学经典阅读、社交心理、社交礼仪等作为选修课纳入课程体系，让学生了解更多的文学知识、心理学知识、公共关系学知识，在潜移默化中强化学生的语言素养；了解更多的人际交往以及语言应用中的"潜规则"，不断提升语言应用中的"情商"，帮助学生奠定宽厚的语言表达基础，使其克服心理障碍，增强表达的信心。

语言能力的提高仅靠课堂学习肯定是不够的，还需要全方位、多领域地广泛参与和身体力行。为此要不定期开展相关专题讲座、举办辩论、竞赛等活动，在实践中检验和锻炼学生的口头表达、写作与思维能力；鼓励学生参加各种演讲、论辩、朗诵、主持人大赛、话剧表演等口语技能活动。同时，要求学生抓住平时学习、工作、生活中的每一次机会，锻炼提高自己的综合素质和能力，如课堂问答、课下交谈、学生干部竞选，学院广播站播音员、院报编辑、记者、通讯员、学院网络电视台主持人的选拔等。在这些活动中，教师要根据学生的基本素质和活动的具体要求进行不同形式的指导，可以是个别辅导，或开设专题讲座，也可以是修改文稿，或担任评委、帮助拟定评分标准和竞赛方案等。

（三）协同课程群

将语言素养和思维品质设定为公安专业课的教学目标之一，挖掘课程的内在价值，为语言素养培育提供更加广阔的空间和载体。从人才培养目标层面树立语言表达是系统工程的观念，打破专业、系部的条框界限，加强相关学科的交流与互动，调整课程内容和设置，协同强化语言表达能力的训练与培养。在专业教学训练中有意识地锻炼学生的思维能力、研究能力、解决问题能力以及语言表达能力，使学生的语言技能在潜移默化中得到有效强化。

二、 口语表达教学要目标清晰， 循序渐进

中国传统的语言观，就口语而言是"言为心声"，就书面语而言是"文以载道"。一切重要的交际任务，从圣人立言、朝廷诏令，到群臣奏议、科举考试，都由书面语来完成，而口语仅仅用于人们衣、食、住、行等日常生活的交际。因此，就实用功能来说，书面语远远大于口语，造成人们对书面语的兴趣与重视程度大大超过口语。隋代以来的科举制以"文"取仕更是推波助澜，逐渐形成了重"文"轻"言"的普遍社会现象。宋代竟出了经过严格书面语训练的秀才因应付不了口语而不会写信的笑话①。在这种传统意识影响下，我国当代的语文教学领域同样长期存在重文字轻口语的痼疾。自20世纪上半叶开始，汉语口语教学的发展经历了漫长的从孕育、低潮到探索、回归和重构的艰难历程，几经起伏跌宕，终于在21世纪赢得了口语交际在语文学科中的独立地位。但从目前的实际教学效果来看，依然存在诸多缺憾与不足，口语教学的实际效果、学生的口语交际能力很难令人满意。②

叶圣陶先生认为"善于说话，绝不是世俗所称口齿伶俐，虚文缴绕的

---

① 顾之川．重文轻言与中国传统语言学．青海师范大学学报（社会科学版），1990（2）：63.
② 田良臣．艰难前言说—汉语口语教学百年历程述评．课程·教材·教法，2005（3）：89.

意思"。而是要"精于思想、富于情感、工于表达"①。"精于思想"就是说话要有道理;"富于情感"就是说话要真诚;"工于表达"就是说话要完整,用词要贴切。这是叶圣陶先生提出的口语训练目标。对于公安院校的学生来说,基本目标应该是:首先要能把话说明白,把一件事讲清楚;其次说话要思路顺畅、连贯,能够抓住要领,突出重点;再次要表达从容、灵活;最后应达到说话富于条理,具有说服力和感染力。更为重要的目标是,让学生在口语表达中时刻明确"人民警察"的自身定位。因为公安民警与群众或违法犯罪嫌疑人进行沟通交流的过程是一种身份建构的过程,说话人所说出的话会反映出他对自己与听话人关系的定位,从社会心理学的角度来看,说话人在沟通过程中对自身的定位决定了他的语体风格和词语选用。教学训练过程中,可采取以下几种主要方式:

(一) 朗诵

说话训练之初,有的学生不习惯当众说话,让他们用自己的语言顺畅表达自己的思想难度较大。可以先让他们练习当众大声诵读文章,在诵读中体会怎样吐字,怎样才能让别人听清楚,怎样运用声音才能获得表情达意的效果。同时,通过朗读还可以增加词汇句式的储备,丰富口语表现力,培养敏锐的语感。

(二) 答问

由老师提出问题让学生即兴回答。这主要是培养学生对所提问题的准确判断能力。在听取提问的过程中,学会判断问题的类型,判断是让自己对提供的材料进行解释、说明,或者是让自己对提出的问题从各方面进行分析,还是两者兼而有之。只有听准对方提出的问题,才能恰到好处地回答问题。在学生回答问题时,注意培养其答问的针对性、条理性和说服力。

---

① 叶圣陶.说话训练//.叶圣陶教育文集(3).人民教育出版社,1994:26.

（三）对话

对话就是一对一的谈话，既可以在学生与老师之间进行，也可以在学生与学生之间进行。着重培养学生这几方面的能力：一是善于抓住对方说话的中心意思以及判断其说话的真正意图，懂得其言外之意；二是善于向对方提出问题，所提问题恰当，并使对方乐于作答；三是学会找话题，会从对方的年龄、职业、爱好等方面，或从谈话的环境、社会上发生的事件等方面找到合适的话题进行交谈；四是学会以理服人，以情感人，使所讲的话有说服力；五是提高说话的艺术性，使别人乐于听下去。

（四）讨论

讨论是学生对特定的议题发表个人见解和主张，从各个角度去探讨，最后由老师把各种见解加以集中归纳。这种训练方式对活跃人的思维，锻炼即兴表达，是很有帮助的。训练时使学生做到：发表见解时，观点鲜明，并在事实的基础上进行推理，防止诡辩；反驳对方时，能摆事实、讲道理，不以势压人，更不能恶语伤人，并学会使用多种表达方法阐明自己的观点，说服对方。

（五）模拟

模拟公安工作中的真实案例，让学生进入警察的职业角色中，体悟警察的实际工作，准确定位案例的性质，运用专业知识进行评判，同时根据实际情况运用准确的用语、得体的语气、合理的应对策略组织协调自己的语言。

（六）答辩

答辩的目的是训练学生的警察职业思维和语言表达力。可以采用小组的形式展开，一组为提问方，另一组为答辩方。提问方围绕真实案例或社会热点提出问题，答辩方每个答辩人要至少用 5 分钟陈述自己的观点，每小组训练结束之后进行角色交换。问题设置和答案构拟的过程能够起到夯实专业知识、促进思考问题的作用。这种训练主要是对警察职业思维方式、把握问题角度以及警察语言掌握程度进行考量，通过训练使学生能够在将来面对群众、面对媒体时把准确的信息和真实的情感传递出去①，避免出现误读和误解。

三、 基础写作教学要强化思维训练与语体训练

有人认为，学生从小学到中学经过 10 多年的写作训练，已经具备了基本的文字表达能力，大学不必再进行基础写作教学。事实上，大学应用写作与中学作文写作无论是思维方法还是语言表达都存在本质差异，公安院校仍应加大基础写作训练，帮助学生掌握应用写作的基本规律，提高应用写作的基本能力。而写作与思维之间存在共生关系，要提高基础写作能力，思维训练与语体训练是核心，是关键。

（一）强化抽象思维能力训练

抽象思维也即逻辑思维，它遵循形式逻辑和辩证逻辑的基本规律，运用逻辑思维的方法形成概念、作出判断和进行推理。应用写作的过程，实际上就是运用逻辑思维方法认知客观事物的过程。经过中学阶段语文课程的学习，学生写作基点是自我的，目光是向内的，是从自我视角去观察校园，观察社会，感受生活，写作过程主要借助的是形象思维；而应用写作基点是社会的，目光是向外的，是从工作的视角考察社会，思考问题，是借助抽象思维寻找事物之间的内在联系与共性规律，并抽取其本质属性，形成自己的观点和认识。中学阶段也进行议论文的写作训练，议论文写作的思维方式虽然以抽象思维为主，但它与应用写作的具体思维过程存在差异。议论文写作过程中，要求提炼出观点后，进行纵向的深入论证；而应用写作过程中，对事实或材料形成一定认识后，思维方向是做横向的延展，或反映情况或提出问题，体现应用文体解决现实问题的针对性和有效

---

① 　王莹．公安专业学生警察话语训练模式探析．延边教育学院学报，2018（3）：83.

性。概言之，中学记叙文讲求的是"以事感人"，议论文讲求的是"以理服人"，而应用文讲求的是"以实告人"。[①]

应用写作与中学写作迥然不同的思维方式，常常让习惯于在作文中表达丰沛情感的学生很不适应，因此，在基础写作理论教学中，要让学生了解应用写作的思维活动，把握应用写作的思维特征，进行有针对性的思维方式转换训练。同时教给学生归纳和演绎、分析和综合、比较和鉴别、探因和寻果、扩散和集束等抽象思维方法，提高学生把握事物本质属性和内在联系的综合分析能力。训练中可以设定同一内容让学生用不同文体进行写作练习，如让学生以小组为单位，分别以"校园文化艺术节侧记""校园文化艺术节的喜与忧""举办校园文化艺术节的通知""校园文化艺术节活动方案"为题写作，让学生体会不同文体所采用的思维方式截然不同，促使学生逐渐由情感型形象思维转向实用型抽象思维。

（二）强化应用文语体训练

与中学作文形象思维相一致，进入大学后学生依然习惯于形象生动、感情充沛的文学化语言。但应用文体语言有自己的显著特点，要求准确、简练、庄重、朴实。叙述要平铺直叙，简略概括，只求清晰有序，不求生动曲折；说明要对某一事项进行朴实直白的交代和解说；议论则直截了当地表明作者的观点，无须进行多角度、多侧面、多方法的复杂论证。要求词与词、句与句、段与段之间呈线性逻辑组合关系，不使用文学语言进行形象描绘，不需要华丽辞藻进行文采修饰，不采用比喻、拟人等积极修辞手法。但不少学生存在认识上的误区，认为公文语言是空话、套话，思想上不接受，感情上很排斥。

应用文语言有自己独特的常用语言词汇和特有的表达方式，教学中要透彻分析应用文体语言的美学特征，让学生接受并喜欢非文学语言，懂得文学语体和非文学语体有各自不同的审美特征以及用途。同时，归纳总结一些常用应用文体语言，引导学生对应用文体尤其是公文语言的关注和积

---

① 杨美进. 应用写作的思维特征. 成都大学学报（社会科学版），1997（2）：58.

累，带动学生阅读政府文件，阅读主流媒体的评论文章，分析作者的写作思路，揣摩作者的遣词造句，学习作者的表达技巧。具体教学训练中，要在教学全程贯穿两个方面的语言训练：一是语段表达训练，使学生学习掌握常用公文用语，将口头语与应用文体用语区分开来；二是文学语言与应用文语言的区分训练，使学生将形象生动的文学描写用语与应用文规范、简明的语言特质区分开来，逐渐形成符合要求的语言表达方式，并内化定型为一种语言习惯。

四、公文写作教学可以采用进阶式教学模式

叶圣陶先生很早就提出："大学毕业生不一定要能写小说诗歌，但是一定要能写工作和生活中实用的文章，而且非写得既通顺又扎实不可。"公文写作不同于文学创作和一般文章写作，有其严格、科学的写作规范，国务院颁布的《党政机关公文处理工作条例》不但对党政机关公文的文面格式和文种等外在形式进行了规范，而且对不同公文文种的内容及写作要求也进行了规范，公文作者具有法定性，内容具有权威性，体例具有规定性，语言具有规范性。公文写作还是写作者综合能力的体现，公文写作者的理论水平、政策水平、业务水平和思维表达方式等非写作因素，在公文写作中发挥着至关重要的作用。学生普遍对公文写作的实际情景缺乏了解，更没有写作体验，不少学生还对自己专业以外的知识尤其是那些在他们看来没有"实用"价值的人文知识不感兴趣，导致缺乏批判性思考与整体性思维。如此状况下，进阶式教学就成为有效提高学生公文写作能力的一条有效途径。

（一）教学内容的进阶式架构

传统公文教学内容架构注重知识的系统性和完整性，一般包含写作原理、党政公文、事务文书三大主要内容。进阶式教学打破党政公文与事务文书界限，依据难易程度将教学内容进行由易到难的梯度重构，整合为"公文常识""基础公文写作""高阶公文写作"三个教学单元。

1. 入门单元：公文常识

要写好公文，要对公文相关知识有所了解，将"公文常识"作为入门单元，可以用较少课时让学生集中了解公文功能、文体特征、公文种类、公文格式、行文规则以及党政公文与事务文书的区别等，让学生写公文之前，先从常识层面对公文有一个宏观的了解和理解，明确中学作文写作与公文写作的本质不同，懂得公文写作的重要性，激发学习公文写作的热情。

2. 起步单元：基础公文写作

对公文相关知识有全面而深入的了解和理解之后，就可以开始简单公文的写作训练。将请示、函、通知、通告、通报、动态类简报等常用公文归为一个单元进行教学。这几种公文一是工作中常用，二是内容单一，篇幅较短，通过基本格式、要领的讲解和几组反复练习，学生能够很快掌握其写法，写出基本合格的公文，从而感受到成功的喜悦，并进一步提振学写公文的兴趣和信心。

3. 提高单元：高阶公文写作

有了基础公文的写作基础，就可以晋级到高阶公文的写作。将报告、调查报告、总结、经验材料、讲话稿、先进事迹材料等篇幅长、写作难度大的公文归为一个单元。之所以称为"高阶公文"，是因为完成它们需要具备阅读理解能力、归纳概括能力、综合分析能力、提炼观点能力以及文字表达能力等综合能力，需要在思想认识方面有高度，在分析问题及对策措施方面有深度，在内容及表达方面有广度。这部分内容对学生来说有难度，有挑战性，需要花费较大精力进行专门训练。

（二）写作实训的进阶式展开

布鲁姆（B. S. Bloom）的认知领域教育目标分类（A taxonomy for educational objectives）理论，将认知领域的教育目标从低到高分为六个层次：知道（知识）—领会（理解）—应用—分析—综合—评价。公文写作能力是作者知识储备、思想认识、思维方法、工作能力等方面水平的综合反映，综合性和实践性是其两大显著特征，提高学生的公文思维能力和实际写作能力，需要在教学组织实施过程中渐次推进写作训练，并且更多地关注学生"分析、综合、评价"等高阶性目标的实现。

公文写作技能的获得同样需要经历基本知识与原理的习得、知识原理向技能转化、在特定情境中运用技能处理具体问题这三个阶段，并且需要借助有针对性的、连续回环的训练才能奏效。可以采用线上线下混合式教学，把习得阶段的学习放在课前，要求学生线上自学相关知识点，并通过配套测试题自测掌握程度；将转化阶段的学习放在课堂，教师预先设定项目化写作任务，通过翻转课堂的集体研讨交流，使学生完成文书知识向文书写作技能的转化；将生成阶段的学习放在课后，要求学生自己创设情境，由小组协作完成写作项目。每个单元设计与之相对应的基础性训练、进阶性训练和创新性训练。

公文常识单元，文种选择是重点也是难点，为帮助学生熟练掌握常用公文的适用范围，首先针对《党政机关公文处理工作条例》中关于公文种类的规定，设计基础性训练，以巩固强化学生的记忆和理解。其次设计进阶性训练，要求学生根据创设的情境选取恰当的文种，检验学生知识向技能转化的成果。最后是创新性训练，要求学生在网络上或身边寻找文种选择有用的公文，让学生学会关注身边的公文，在实际公文辨别中加深对不同文种适用的理解，提高正确选择文种的能力。

基础公文写作单元，学生线上自学常用公文的基本知识，完成配套测试题，这是基础性训练。然后由教师创设写作情境，设定写作任务，提供摹写范文，至少完成两组进阶性训练。为巩固教学成果，强化学生对常用公文的熟练掌握程度，要求学生课后以小组为单位，自己创设情境，设置任务，围绕某一项工作分别写出请示、函，通知、通告，通报、简报等公文，并在下次课上进行小组展示交流，这是难度更大的创新性训练。这样的几组实训，由易到难，循序渐进，循环往复，重要文书都获得了不同情境下的多次写作训练。模仿范文写作，既训练学生写作的规范性，学会"依葫芦画瓢"，又可以培养学生的思维能力，使之能够依据范文灵活变通地进行简单公文的写作。创新性训练有难度、有挑战性，学生需要查找资料、求助家长、小组研究、分工协作才能完成。

高阶公文写作单元，同样首先需要学生线上自主学习几种常用高阶公文的基本知识，完成配套测试，这是基础性训练。其次针对完成高阶公文所需的阅读理解能力、归纳概括能力、综合分析能力和提炼观点能力进行专项训练，这属于进阶性训练。最后将专项能力进行整合，完成报告、总结、讲话稿、演讲稿等文书的写作。通过不断提升难度的写作实训，让学生一方面对理论知识加以反刍和消化，另一方面对公文思维进行固化，将静态的知识逐渐向动态的"活用"能力过渡。

（三）考核评价的进阶式设计

考核评价是检验课程目标完成情况的重要手段，指向清晰明确的考核内容和评价方式，不但可以准确测查学生的学习成果，而且可以有效调动学生学习的主动性、积极性和创造性，培养他们的自主学习意识和实践创新能力。学生的写作基础各异，公文写作能力提高快慢有别，科学的考核评价机制，应该更多关注学生的学习过程，并将自评、互评等方式引入评价体系。

1. 过程性考核评价的进阶式设计

过程性考核评价是依据教学目标对学生学习的不同阶段进行全方位、多形式的考核和评价，它可以全面反映学生学习过程中的表现、取得的成效以及情感态度等。公文写作的过程性考核评价，将考核项目、内容、依据与课程目标进行关联和绑定，就每个考核项目制订出明确的操作方案，并在整体上做进阶式设计：与知识点相配套的测试是基础性考核，主要考核学生对文书基本知识的掌握程度；项目化综合写作是提高性考核，主要考查学生根据不同情境变通写作的能力；挑战性写作是创新性考核，要求学生小组协作完成从项目模拟设定到相关文书撰写的全过程，考核学生的创造性思维以及合作意识、协作精神。具体设定学习态度、学习参与度和学习效果三个维度。

学习态度的考核指标主要体现在线上自主学习中。线上知识点的访问次数、学习时长，任务点的完成度，线上资料的阅读下载次数，线上讨论的参与次数等，根据平台记录数据确定学习态度维度的等级，并定期公布，督促学生养成良好的学习习惯，权重值不宜过高，可以设定为 10% 左右。学习参与度主要测查学生学习活动的参与深度、参与广度与参与的自觉程度，考核指标包括翻转课堂教学中讨论、互动的参与情况，小组协作模拟写作的贡献情况等，引导学生进入主动学习的状态，激发学生的写作欲。权重值需要适当增加，可以设定为 30% 左右。学习效果维度是写作能力测评，考核指标主要包括线上知识点测试成绩、线下课堂及课后的各项写作实训完成情况等，公文写作能力的提高过程体现在每一次写作实训中，因此权重值应该最高，可以设定为 60% 左右。

2. 多元化考核评价的进阶式设计

写作实训评价中，改变教师评改的单一方式，由多方评价主体参与、采用不同评价方法的多元化考核评价，可以防止学生在写作实训中敷衍甚至抄袭，有利于激励学生积极投身写作训练，主动思考问题、提出问题以及回应问题，在分析、对比、探究、争论中加深对公文的认识。为此，可以设计师评、互评、自评三个等级的考核评价方式。

于学生而言，师评是最直接、最基础的评价方式，学生一般会无条件接受老师对自己实训作业的评判，虽然高效直接，但往往印象不深，理解不透。互评是提高性评价方式，要求学生将写作实训作业拍照上传"学习通"平台，教师设定互评后学生进行线上互评。评者不仅要对被评实训作业质量评定等级，还要得到被评者的认可，评定的成绩才有效，互评任务才算完成。学生在互评中常常从线上延伸至线下，评者与被评者在面对面的争论与辩驳中都有了更深层次的思考与认识。自评是挑战性评价方式，发现别人的问题易，发现自己的问题难。同样，能准确找到自己的问题并且提出合理修改意见的自评成绩才会被采纳。文章是写出来的，更是改出来的。自评就是要促使学生不仅学会写作公文，更要学会修改公文，让学生在自主分析中转变思维方式，培养他们信息选择、辨析判断、总结分析等能力[①]。这种难度逐次增加的多元化考核评价，凸显了学生在评价中的

---

① 彭品荣，陈寿琴. 基于"金课"理念的应用文写作慕课建设探索. 应用写作，2020（11）：33.

主体地位，学生从被动的被评者，转变为主动的自评者、他评者，评价过程成了学生自我反思、自我纠正、自我拓展的过程。

"最近发展区"理论告诉我们，任何教学都应该遵循由易到难、循序渐进的"生长机制"。公文写作能力的提高更是一种增殖性的螺旋式运动①，需要经过循序反复的训练才能奏效。进阶式教学将教学内容进行由易到难的整合和重构，将写作训练设计为连续式、递进式的"打怪升级"操练，将考核评价设计为全过程、多元化的激励机制，在难度递升的写作训练中，帮助和引导学生建立公文写作思维，将写作知识转化为写作能力，实现公文写作能力的渐次提升。同时，让学生在有坡度的学习中不断体会到学有所获的满足感，协作完成挑战的成就感，形成课程期待②，从而持续保持对课程的兴趣和热情。

五、 申论写作教学要注重培养公务立场与提高政策水平

写作能力的提高，需要学生有较多时间和精力的投入，这种投入不应是被动的、无奈的，而应是主动的、积极的。这就需要在教学中关注学生现实需求，激发学生学习的内生动力和内在潜能。高年级的学生已经感受到了就业压力，不少学生已经开始为公安联考做准备。"申论"作为公安联考的重要考试科目，是一种以写作为载体的素质、修养、能力的综合测查。也就是说，申论所要测查的能力都必须见之于"写"的过程，通过"写"的运思和实践，按照写作规则、写作行文规范、写作知识和技法的使用要求，进行布局谋篇、遣词造句，以"写"的形式把思维的经过和结果转换成具体的"外部语言"。③ 因此，申论写作课可以作为语言能力训练的补充科目，让学生切身体会到提高写作能力的重要性，从而有效地激发学生的学习动力。

申论一些试题中明确有"假如你是——"的身份假定，要求考生站在

---

① 任遂虎. 谈基础写作教学中的梯度训练. 写作，2015（1）：9.

② 王可. 学生课程理解的过程探析. 教育理论与实践，2020（16）：60.

③ 汪莉，贺然. 申论考试科目设置对写作课程知识体系构建的影响. 写作，2017（9）：7.

国家公务人员的立场思考和作答。教学中要引导学生以单位工作人员的身份从事具体的写作活动，要具备越位性思维，站在特定公务人员的立场上看问题；要具备被动性思维，去掉个体性烙印，用公共性意识约束自己。对于习惯于中学作文中表达自我情感、讲述个人经验感受的学生来说，这个观念的树立、角色的转换是非常困难的。具体教学中，可以在历年省考、国考、公安联考真题中选取题目进行翻转课堂教学，要求学生课前个人完成答题，课堂进行小组讨论、观点辩论、多种答案展示，教师评价中重点分析其假定身份的公文写作思维。这种同类型题目的集中强化训练，有利于强化学生公文写作思维的形成，同时让学生在真题写作中体会提高申论写作水平，关键在于提升申论所需的思维能力与写作能力，而不是借助所谓的应考策略技巧。

同时，申论考试不是单纯的写作考试，而是以写作为中心，要求考生根据给定材料，按照套题要求，运用机关工作需要的基本素质、修养和能力，在限定时间内以公务性话语撰写文本。[①] 教学要结合申论真题实例，要求学生经常浏览政府门户网站，养成关注时事政治的良好习惯，不断提高对时事政治的认知能力，提高学生的理论素养和政策水平。引导学生紧紧把握时代脉搏，关注现实社会，客观理性评价社会现象，在对给定材料的透彻理解基础上提出符合申论要求的个人见解。

六、 公安法律文书教学要强化实践教学环节

公安法律文书种类繁多，格式多样，在有限的课时内无法涉及所有文书。要让公安法律文书制作教学真正脱胎换骨，必须对公安法律文书实训教学观念进行全面厘清，对实训内容、实训方法进行全面创新，努力提高实训教学的针对性、应用性、实效性和实战性。

（一）突出重点，强化专项技能训练

在百多种公安法律文书中，表格居多，非表格文书中也大都具有程式

---

① 王锡渭. 从写作学角度释义"申论"之概念. 写作，2015（12）：44.

化的结构、规定性的用语，文本格式在警综平台上也是现成的。因此，在教学过程中应确立专项写作技能的核心地位，以违法犯罪事实的叙述、表格填写要求、问话笔录制作方法这些专项写作技能为基点进行教学设计，进行专项强化训练，而不是让教学淹没在不同文种的写作格式与规范要求之中。例如，在刑事法律文书中，从《受案登记表》等表格式文书到内部审批文书《呈请报告书》到《提请批准逮捕书》《起诉意见书》，都有对案件事实的叙述，但不同文书中案件事实的叙述角度不同，叙述详略程度不同，且刑事案件纷繁复杂，形态各异，案情各个不同，很有必要专门进行案件事实叙述的训练，通过多次、反复的不同案情训练，引导学生围绕犯罪构成要件，对分散在不同笔录中的事实进行整合取舍，有条不紊地进行叙述人称和叙述语言的转换，让学生懂得叙述犯罪事实时不能一概而论，不能面面俱到，而应该做到犯罪事实要素突出，叙述视角合理，叙述详略得当。这种专项训练虽然费时费力，但效果明显。

（二）锚定实战，注重综合实操训练

在专项技能教学训练的基础上，"一案到底"的综合实操训练必不可少。这对教师而言是检验专项训练成果，对学生而言，是体会办案实践中真实的文书制作情景。用一个案件贯穿法律文书制作全过程，可以在前期专项技能训练和重点文书讲练的基础上，在文书之间建立起联系，比较清晰地反映出文书前后顺序，从立案到破案再到结案，案情从模糊到清晰，证据由残缺到完整，犯罪构成要件渐次显现，学生不再把注意力放在单个文书的制作上，而是自然而然地关注各种法律文书在办案程序中的功能以及在工作实践中的具体应用，体会文书制作技能背后的法律适用、办案程序等非文书素质要求。实际上，只有同一个案子才有可能建立起真正的联系，否则这种联系只能是字面意义上的，只能是程序规定之下的事例的聚合。[①]

具体训练中，可以采取小组协作完成的方式，由学生自由组合为 3~4

---

① 朱维莉. 法律文书的立体教学构架. 公安教育，2008（8）：35.

人的办案小组，共同讨论完成全套文书制作。分组的好处一方面是学生可以体会办案过程中的分工协作，可以讨论研究，互动启发；另一方面是不少相关文书有制作的相似性，学生分头制作，既不影响训练效果，又减轻了学生负担。制作完成并依据立卷规范整理案卷后，教师要针对制作中出现的普遍问题和突出问题进行点评，最终由学生写出总结分析报告。

（三）增强仿真，精选"原生态材料"

案件材料的选取是实训取得实效的基础和关键，应尽量选取贴近公安工作实际的"原生态材料"作为训练素材，以增强实训教学的仿真性、实效性。

所谓"原生态材料"，是指对真实案件材料只作简单处理，隐去案件中隐私信息和涉密内容，对内容不做提炼概括的材料状态。将刑事案件的接警记录、询问笔录、讯问笔录、现场勘查笔录等原始案件证据材料提供给学生，让学生在详细阅读、研究原始材料的基础上制作公安法律文书，而不是已经概括提炼好的一小段案情材料。让学生在研读一堆杂乱无绪的原始证据材料的基础上制作相关文书，可以充分锻炼学生案卷材料的阅读能力、语言组织能力、案情事实的概括提炼能力。公安法律文书优劣最重要的评判标准，就是能否将办案的过程和结果在法律文书中客观全面地呈现出来，而这是法律知识、办案业务能力、语言表达能力综合作用的结果。提供"原生态材料"，还可以为学生创设办案实践中真实的文书制作情景，调动学生综合知识和能力，让学生体会"犯罪事实清楚、证据确实充分、案件性质和罪名认定正确"等文书要求背后的非文书素质要求。

（四）提高实效，科学制订实训方案

制订科学、完善的实训方案，是提高实训教学效果的基本条件，是实训中组织教学的重要参考资料。方案制订应紧紧围绕一线执法办案的实际这个实训教学目标，详细拟定实训相关知识要点、情景或现场设置、参与训练人员角色分工、训练内容及步骤、训练成果形式与训练效果考核指标、训练注意事项等内容，形成一个具有可操作性的系统方案。由于教学

时间和条件的限制，不可能所有内容都进行实训，因此实训项目应根据人才培养目标和已具备的实践教学条件来设计。总体设计应坚持循序渐进，由简单到复杂、由单向到综合、由单一技能实训到综合技能实训的原则，充分体现对学生综合技能培养的渐进过程。设计需考虑通过某项实训，学生能够掌握哪些知识，能够提升哪些能力，达到怎样的效果，对学生将来做好公安工作有什么帮助，这也是实训项目设计的出发点和落脚点。

（五）拓宽思路，采用多种方式进行实训教学

实训教学中还要不断拓展思路，不断创造条件，采取形式多样又恰当高效的方式。这些实训教学既可在课堂进行，也可在课外进行；既可在校内进行，也可在校外进行；既可进行单项写作技能实训，也可进行综合写作技能的实训；既可采用个人实训的形式，也可采用小组实训的形式。而形式多样的实训教学的展开离不开实训硬件设施、软件条件的不断完善。相关图书资料、模拟现场、电教设备等是必备的硬件设施，网上办案的模拟平台、不同类别的教学软件、各类实验项目的技术平台等是必不可少的软件要求，一些院校已经开展公安法律文书制作实验室建设，值得借鉴。实训教学中，要打破传统教学教师充当主角、学生充当配角的格局，注重创设教学互动情境，精心设计互动教学环节，开展双边、多边的教学互动，实现师生之间、学生之间的交流，让学生学会在合作中学习，在学习中合作，充分发挥学生在教学活动中的主体作用，通过独立思考，自主解决问题，亲身体验法律文书制作的甘苦，感悟公安法律文书的法律属性。

（六）加强协作，与相关专业课教师及外聘教官合作开发实训项目

实训中，可以与相关专业课教师合作开发实训项目，这样既可以解决公安法律文书教师业务技能不足的尴尬，又可以避免相同内容在不同课程中重复教学的问题，如与刑事案件现场勘查课教师合作开发现场勘查笔录制作实训项目，共同在现场指导学生完成刑事案件现场的勘查及勘查笔录的制作；与侦查讯问课教师合作开发讯问笔录制作实训项目，与侦查讯问课教师共同研究制订实训方案，实训前共同指导扮演侦查人员及犯罪嫌疑

人的学生，实训结束后分别从讯问策略与笔录制作的不同角度进行点评总结，使实训教学更具针对性和实效性。还可以与外聘教官合作开发实训项目，使项目设计更具仿真性。同时还可以在实训教学过程中，请实践经验丰富的教官参与指导，随时在各个环节指出问题，从而提高实训教学的实战性。

第五节
警察执法语言能力入口审查与后续提升

语言表达是一种能力，这种能力的提高有赖于语言专业知识的教育与学习，有赖于扎实的法律知识储备及公安业务知识底蕴，不是引导民警讲几句文明礼貌语就能解决的。各级领导和警察教育主管部门要高度重视民警口语表达能力的训练，把执法语言能力训练列入各级警察培训计划，制定明确的目标要求，让每一位民警都能掌握警察语言表达的方法与技巧。

一、 公安院校可对入学新生进行口语表达能力测评

口语表达能力的提高是一个复杂而漫长的过程，为提高公安院校口语表达教学效果，可以考虑对入学新生进行一个基本的中文口语表达能力测评，对新生语言沟通水平、运用语言获得信息、传递信息的能力以及运用语言完成一定工作的能力进行检测筛选。通过标准化的测试手段，根据应试者在聆听、理解、口头表达等不同部分的测试表现，进行口语表达能力分级，为开学后进行语言教学提供科学依据。

口语表达能力测试内容，应包括语音语调、词语运用、内容组织以及倾听和把握语境的能力。可以将其概括为语言表达方面和非语言表达方面两部分。

语言表达方面主要测查：①能否选择合适的语音语速。心理学研究表明，一个人对外界事物的感知和印象80%靠视觉，其余20%中有14%靠听觉。可见听觉在人的感知中的重要性。沟通时语速要快慢适中，语调要高低合度，发音要准确清楚。②能否选择合适的词语句子。每个人头脑中都有一定的词汇、句式、短语等语言素材的积累，这样才能在不同的场合，面对不同的人恰当地选择不同的表达方式和话语内容。遣词造句的准确得体，有赖于丰富的语言素材储备以及对语言规则的使用。③能否合理组织内容。在口语表达中，需要根据不同的谈话对象，在不同的交际场合，就不同的话题寻找最合适的话语表达，同时要结合听话对象的特性，确立观点和主题，因此说话人需要灵活掌握，顺着对方的谈话方向或已变化的情境，灵活变更思路，寻求适当的表达方式。

非语言表达方面主要测查：①倾听的能力。首先要听清每个字音、听清词汇，了解字词所承载的字面含义。其次要听懂说话人表达时的感情色彩以及不同的语言风格，从而把握字句话语的表层含义。最后要听懂语言，即通过分析、理解、领会词汇和语句，把握话语的构成排列，能够概况话语大意，并能从话语的表面意思听出更深层的含义。②把握语境的能力。语境就是使用语言的环境，它制约着表达时的内容和方式，表达的过程中需要充分考虑到当时的语言环境，选择适当的方式进行表达。

二、 招警面试应加强语言表达能力测试

我国公安机关人民警察招录面试测评方式为结构化面试，通过考生回答设定题目的方式，测查考生的综合分析能力、组织协调能力、群众关系处理能力、沟通表达能力、团队协作能力、举止仪表等。语言表达能力属测评要素之一，且所占分值较少，没有体现出警察实际执法中语言能力的重要程度。

2016年，人力资源和社会保障部、公安部、国家公务员局联合印发《关于加强公安机关人民警察招录工作的意见》，规定了分类招警、科学考录原则，要求科学划分招考职位类别，合理设置报考资格条件，改进考试

内容和考试方法，增强招警工作的针对性和科学性。这一原则目前在面试中并没有得到明确体现。执勤执法类、综合管理类和警务技术类职位在招录面试中没有明确区别，而是不同职位、不同类别进行统一面试。这种方式忽略了不同职位的特殊性，尤其忽视了执勤执法类岗位对口语表达能力的特殊要求，综合管理类岗位对文字表达能力的较高要求。因此，招警面试中应根据不同职位要求分类设置面试测评要素。例如，执勤执法类岗位仿照国外警察面试方式，设置角色扮演、口头汇报、模拟警务情境[①]等环节测查考生的即兴口头表达能力；综合管理类职位设置公文模拟写作环节，考官设定写作任务情景，要求考生口头阐述写作内容或要点，以测评考生的逻辑思维能力、文字表达能力。

目前的招警面试测评为合格面试，成绩不计入最终成绩，只要没有太明显的问题，一般会被判定为合格。事实上，任何考试都发挥着指挥棒、风向标的作用，"笔试为王"的机制很大程度上降低了考生对面试的重视程度，也增加了选拔出的人才属"考试型选手"的风险。因此，在建构完善的面试体系、设置合理的测评环节的基础上，应将面试成绩计入最终成绩，以充分发挥面试在公安机关人民警察招录中的重要作用。

三、　基层民警短期培训要强化口语训练

现行的《公安机关人民警察训练条令》，形成了包括初任培训、专业培训、晋升培训、警务实战培训等多种形式在内的培训体系，设计了许多具有实战意义的专项训练课程，但唯独缺少警务口语表达能力的训练。虽然有地方自主研发相关课程，进行相关专题培训[②]，但这样的培训远未普及。

（一）重视警务用语表达的训练

各级公安机关在各级各类培训尤其是初任民警培训过程中，警务用语

---

① 苏剑，于群. 国境外警察招录面试及其启示. 公安教育，2021（4）：27.
② 陈士果. 一线民警现场执法语言的训练及使用原则. 广州市公安管理干部学院学报，2016（4）：27.

表达的训练要在制订训练计划、设置训练科目时加以体现，构建警察岗前执法语言表达培训和在职执法语言表达训练科学合理的统一体系。通过理论宣讲、案例评析和规范用语教学，使新任民警认识到规范执法语言的重要性和必要性，并初步掌握执法语言表达的方法与技巧。

（二）制订明确的目标要求

口语交际除了受语法规则的制约外，还受社会文化规则的制约，因此口语交际不仅牵涉语音、词汇、语法等语言学因素，而且还牵涉交际目的、交际手段、交际形式、交际对象、交际内容、交际环境、交际规律等社会学因素。这些与口语表达密切相关的内容，都应在训练科目、训练内容中加以体现。执法语言培训应制订合理的培训计划、培训步骤，根据不同警种、不同工作任务有针对性地开展。培训内容上，着重加强语言技巧和语言思维能力训练，注重实战，讲练结合；培训方法和形式上，根据实际采用短训或长训的方式每年择时举行，并通过聘请专家授课、组织演练、开展座谈等多种形式不断提高民警的语言素质。

（三）针对从事现场执法处置、治安调解等特定工作的民警进行语言技巧、语言策略的专门训练

警察凭借语言开展工作时，不仅要充分考虑对象的惯有心理，还要对其随机产生的心理活动机制有应变的能力，同时还必须使用相应语言技巧和语言策略诱使对方披露内心世界，这样才能掌握对象的需要和动机，从而有针对性地展开工作，而做到这一切需要经验和技巧。因此，可以建立定期培训制度，邀请有经验的调解民警和语言学专业人士定期对相关民警进行专门的培训，选择典型案例进行分析讨论，使民警能够快速掌握做群众工作的语言技巧与策略。

（四）充分发挥老民警的传帮带作用

老民警是公安工作的宝贵财富，他们面对过各类违法犯罪人员，解决过各种群众矛盾纠纷，积累了丰富的处置应对经验。培训中应选拔经验丰富的老民警担任教官，帮助和引导他们总结实战经验，提炼典型案例，提高讲课技能，让他们在各类培训中分享使用执法语言的感受、经验和体会，让民警从鲜活、丰满的实际案例中学到更接地气、更实用的语言技巧。

（五）口语表达还需要有文化素养作为知识铺垫

知识积累、文化积累是人类文明进化的基本标识，而个人的知识底蕴是经过社会教化谋求今后发展的人文基础。要提高民警的语言修养，提高其整体文化素养是根本之策。一名优秀的警察应当具备多种知识，包括了解社会风俗、文化积淀、民族心理、宗教伦理等方面的中国文化内涵，坚实的科学文化基础和深厚的人文底蕴是视野开阔、思维活跃以及灵感创新的基础，一个孤陋寡闻、学浅才疏的警察是无法应对纷繁复杂的警务工作、无法面对千差万别的工作对象的。相应地，民警的整体文化素养提高了，才能在其语言表达中得心应手、游刃有余，才能表达出深刻的见解、令人信服的分析与观点。民警的整体文化素养提高了，就会在执法语言的表达中有其独到的见识，能从新的角度引发深刻的见解，从一些司空见惯的现象中挖掘出令人信服的本质性，能对话题进行"立体化"的分析。①这些与执法语言表达密切相关的内容，都应该引起教育训练者的重视，在制订训练计划、设置训练科目时加以体现，以构建科学合理的警察执法语言培训体系。

---

① 何欣，祝隽仁．人民警察执法言语能力现状分析与对策思考．公安学刊——浙江警察学院学报，2008（4）：71．

第六章 相关立法语言规范

　　一个法治社会，需要一个完善的法律体系来支撑；一个完善的法律体系，需要由一部部好的法律来构建；而一部好的法律，要由规范的语言来表述。法律文本是警察执法的依据，其语言表述规范与否，不仅直接影响法律本身的严肃性和权威性，而且关系到警察执法的准确性和公正性。

党的十九大报告指出，要深化依法治国实践，推进科学立法、严格执法、公正司法、全民守法。科学立法是严格执法、公正司法特别是全民守法的前提和基础。立法科学与否，最直接体现在立法语言的规范性上，只有实现立法语言规范化，提高法律文本表达效果，才能准确理解适用法律，实现执法司法公正，推进全民守法，提高新时代立法的整体质效。

中华人民共和国成立以来，经过 70 多年的立法实践，特别是改革开放后 40 多年的大规模立法，我国立法工作成绩卓著，中国特色社会主义法律体系已基本形成，在法律体系中起支架作用的主要法律已基本完成。我国的立法实践已经逐步实现体系化和科学化，并逐渐由立法时代过渡到精准修法时代。2021 年 4 月 16 日，第十三届全国人大常委会第九十一次委员长会议通过了《全国人大常委会 2021 年度立法工作计划》，这是全国人大常委会迄今为止安排立法修法项目最多的一个年度。我国在立法过程中积累了大量的立法经验，也制定出很多高质量的法律。但不可否认的是，立法技术尤其是立法语言还存在诸多失范问题，亟待修正规范。

第一节
我国立法语言失范现象

立法技术是立法质量体系中的一个重要内容，它既包括立法的内在逻辑技术，也包括立法的外部结构技术；既包括立法的形态、形式、体系、体例等宏观和中观技术，也包括立法的文字、语言、句法、标点符号等微观技术。而无论是哪一层面在技术上出现了问题，都会给包括警察执法工作在内的法律适用带来困扰。就立法语言而言，准确性是立法语言的生命，也是警察正确执法的前提；统一性是立法语言的基本要求，也是警察规范执法的基础；谨严性是立法语言的灵魂，也是警察精确执法的前提；庄重性是立法语言的本色，也是警察严肃执法的前提。但我国现行法律文本在这四个方面都存在问题。

一、 用语不准确

　　准确，是立法语言的生命。法律法规的主要作用之一是规范法律主体的行为，调节法律主体之间的人际关系。这种规范调节作用是通过具有法律效力的法律条文来实现的。这就要求立法者使用准确的语言传达立法本意。另外，法律也是人与人较量的工具，较量双方都使用法律作为武器为自己服务。其中一方必然会想方设法钻法律的漏洞，以维护自己的非正当权益。为了不给这种人钻空子，立法者所使用的表述法律内涵的立法语言就必须准确。只有在保证立法语言准确的前提下，立法才能真正产生效力，司法才能顺利进行，司法结果才能与立法者的意愿相符。因此，所谓的准确，要求立法语言的词义、语义明确，同一词语对任何人、在任何环境下都产生同一的、非歧义性的理解和认识；同时用词表意要尽可能确切，尽可能选用内涵精确的法律术语。

　　法律术语有特定的含义和特定的适用范围，不能随意引申或用其他词语取代，即每一个法律术语表示的都是一个特定的法律概念，在使用时，其他任何词语都不能代替；某一词语即使在民族共同语中属多义词，一旦进入立法语言，作为法律术语出现时，也只保留一个义项。① 而且这种单一、固定的含义是法律赋予的，其语义具有法定性。现行法律中，用语不准确的问题主要有：

（一）普通词语未作界定就运用到法律条文中

　　例如，《刑法》中 66 次使用"犯罪分子"一词，但如果要问什么是

---

① 孙懿华，周广然．法律语言学．中国政法大学出版社，1997：61.

"犯罪分子"，普通百姓也许很快能说出来，但对于从事法律工作的人来说，却会觉得犯难。"犯罪分子"显然不是法律术语，在刑事诉讼中被查处的对象，根据不同阶段，称为犯罪嫌疑人、被告人，即使被判决后，也只称为罪犯，没有所谓的"犯罪分子"。"犯罪分子"是一个用在大众媒体和人们平常谈话中的普通词语。类似这样的词语运用到法律条文中，无疑会降低法律的科学性、严肃性。英国法学家、著名法官曼斯斐尔德勋爵说过："世界上的大多数纠纷都是由词语所引起的。"因此可以说，我国司法实践中遇到的不少问题和尴尬都是由立法语言中没有使用表意精确的法律术语引起的。

（二）不同含义使用同一个词语

例如，2021 年新修订的《行政处罚法》第七十二条规定："当事人逾期不履行行政处罚决定的，作出行政处罚决定的行政机关可以采取下列措施：（一）到期不缴纳罚款的，每日按罚款数额的百分之三加处罚款……"在这一条文中，第一个"罚款"是行政处罚措施，第二个"罚款"实际上是不缴纳罚款的"滞纳金"，但在法律文本中，不同的含义却用了同一个词语，给适用者造成理解上的困难，在行政执法中也引起过很大的误解，也早有学者指出过①，但 2021 年修订未作改动。

（三）用语模糊

例如，《刑事诉讼法》"技术侦查措施"一节（第一百五十条至第一百五十四条）中，在对技术侦查措施的具体内容和程序作出规定时，使用了"经过严格的批准手续""应当根据侦查犯罪的需要""在必要的时候"等模糊性表述。虽然立法采取"宜粗不宜细"的思路为技术侦查发展留下了空间，为侦查过程中的实际需要留下了余地，但技术侦查措施具有秘密性和技术性的特点，适用技术侦查措施将在一定程度上侵害公民的合法权益，何为"严格"，何属"需要"与"必要"，这些模糊用语使法律的可

---

① 侯淑雯．制定"立法标准法"的必要性、可行性及原则．地方立法研究，2018（5）：11.

操作性受到一定程度的影响，为公安机关正确适用技术侦查措施增加了难度。事实上，刑事诉讼法对技术侦查措施过于"原则性"的规定，早已受到了一些学者的批评，学者们认为，这种模糊性的规定并不有利于控制犯罪，也可能造成技术侦查的滥用。①

二、 用语不统一

为了保证法律的庄重严肃性，立法语言还需要摒弃同义词，强调一词一义，不同词语之间不应存在相互替代的现象。同一含义也必须使用同一词语，而不允许另外采用不同词语。法律用语对每个人都能唤起同样的观念，否则就会引起适用上的混乱，但我国在立法语言运用规则上还缺乏抽象性的规范②。不同法律甚至同一法律用词不统一，是现行法律中最普遍的问题。略举三例：

（一）"和""或者"与顿号的使用不统一

"和"与"或者"是使用频率很高的虚词，它们表示的语法意义不同。"或者"表示选择关系，"和"一般表示平等的并列关系，也可表示选择。③ 全国人大常委会法制工作委员会 2019 年发布的《立法技术规范（试行）（一）》也明确规定："和"连接的并列句子成分，其前后成分无主次之分，互换位置后在语法意义上不会发生变化，但是在法律表述中应当根据句子成分的重要性、逻辑关系或者用语习惯排序；"或者"表示选择关系，一般只指其所连接的成分中的某一部分；顿号的使用规定为：一个句子内部有多个并列词语的，各个词语之间用顿号，用"和"或者"以及"连接最后两个并列词语。《道路交通安全法》中"单位""个人"并列出现的有 6 处，5 处以"和"作为连接词，表述为"单位和个人"（第

---

① 刘广三，李胥. 刑事诉讼法关于技术侦查措施规定中的模糊性语言及其限定研究. 中国刑事法杂志，2017（1）：113.

② 侯淑雯. 制定"立法标准法"的必要性、可行性及原则. 地方立法研究，2018（5）：11.

③ 吕叔湘. 现代汉语八百词（增订本）. 商务印书馆，1999：266.

二条、第十一条、第二十八条、第三十一条、第八十五条），1 处使用了顿号（第六十九条）。表述为"单位、个人"。仔细分析这 6 处，无论是"单位和个人"还是"单位、个人"，实际上指的都不是"单位和个人"这一整体，而是"单位和个人"中的一个，因此，表述为"单位或个人"更为准确。而第六十九条只有"单位""个人"两个词语并列，依据规范不应当使用顿号，而应该表述为"单位或个人"。这虽然不影响法律文本的理解，但违背了立法语言同义同词的要求。

（二）"对"字句与"对于"句混用

"对"字句在法律文本中有其独特的语用价值。"对"字句的一个主要作用是对范围和对象的说明与限制，它可以使表达更加严谨、准确，而任何一种法律行为，尤其是执法和司法主体实施的行为，都是针对特定对象和范围的，因此，当表达法律行为所指向的对象和范围时，"对"字句就是合适的承载句式，因此在法律文本中不但使用广泛，而且使用频率很高①。

语法学界认为，介词"对"和"对于"都标记或介引行为、动作的对象或与行为、动作有关的人或事物，一些场合可以通用，可以互换，这就使得法律文本中普遍存在"对"字句与"对于"句交替使用的现象。

有的在揭示行为的对象时，"对于"句与"对"字句混用。例如：

对于未遂犯，可以比照既遂犯从轻或者减轻处罚。（《刑法》第二十三条第二款）

对组织、领导犯罪集团的首要分子，按照集团所犯的全部罪行处罚。（《刑法》第二十六条第三款）

有的在指示行为所关涉的范围时，"对于"句与"对"字句混用。例如：

对于公安机关管辖的国家机关工作人员利用职权实施的重大犯罪案件，需要由人民检察院直接受理的时候，经省级以上人民检察院决定，可以由人民检察院立案侦查。（《刑事诉讼法》第十九条第二款）。

---

① 刘永红. 法律文本中"对"字句的统一与规范. 政法学刊，2010（5）：23.

公安机关经过侦查，对有证据证明有犯罪事实的案件，应当进行预审，对收集、调取的证据材料予以核实。(《刑事诉讼法》第一百一十六条)

由此可见，在"对""对于"句法功能相同的情况下，法律文本中没有保持一致。虽然在这些法条中，用"对"字句或者用"对于"句均没有语法错误，但立法文本中，语法上的成立，不等于语用上的完善，而后者正是法理内在逻辑对语言词句表达的要求之所在。①

（三）但书句的格式不一致

法律是普遍运用的行为规范，但是普遍运用中也有例外，一般之中也有特殊，这种例外和特殊体现了法律的适用性和合理性。表述这种语义关系需要用转折复句或转折句群。立法语言称以"但是"为关联词的后一分句为"但书"。并且由于是法律中所专有，也称为"法律但书"，将转折复句的前一分句，即"但书"针对的对象称为"主文"。法律但书是一种特殊的法律规范，它"以'但'或'但是'引导，对法律条文中主文的一般规定作出特别规定，用以规定例外、限制、附加等内容，与主文相反相成。"② 相反是指"但书"针对主文作出例外、限制、附加及其他的不同规定，并具有相对独立性；相成是指"但书"离开主文便失去了存在的意义，主文离开"但书"就会失之片面或存在漏洞。③ 但书意在突出正反两方面，使之形成强烈的反差，从而增强句子的表达效果。

考察我国现行法律，表示转折、限制、排除意义的，除以"但"或"但是"引导外，还有"如果……""除……以外""……另有规定……"等词语。例如，《刑事诉讼法》第二十五条规定，刑事案件由犯罪地的人民法院管辖。如果由被告人居住地的人民法院审判更为适宜的，可以由被告人居住地的人民法院管辖。前句是刑事案件管辖的一般规定，后句是特殊规定，两句是一般与特殊的关系，应构成转折复句或转折句群。这里用了

---

① 邹玉华. 论立法文本中"有下列情形（行为）之一的"句式的规范. 语言文字应用，2008（4）：100.

② 周旺生. 论法律但书. 中国法学，1991（4）：55.

③ 王洁. 法律语言学教程. 法律出版社，1997：67.

关联词"如果"连接，就变成了假设关系，虽然不影响表意，但是转折复句在法律表述中的特殊作用没有突现出来。因此，这里用"但书"表述将更为鲜明准确。

三、 用语不谨严

日常生活中人们常说"法网恢恢，疏而不漏"，这既是对健全完善整个社会法律体系的良好企盼，又是对严密完备各个具体法律法规内容结构的一种追求。法律规范是人们的行为准则，是用以明是非、定赏罚的尺度，而立法语言是表述立法意图、设定法的规范的专门性语言，因此谨严周密是立法语言的灵魂。

谨严周密，要求语言表达上精确周密、合乎事理逻辑，不能顾此失彼，缺乏照应，甚至前后矛盾。现行法律中语言不严谨的现象不少，主要有：

（一） 概念不明确

概念是客观事物本质属性的反映，概念明确是正确思维的必要条件。所谓概念明确，就是要明确概念的内涵和外延，内涵是指概念所具有的含义，外延是指概念所适用的范围。如果概念不明确，概念的内涵和外延所指不清楚、不明白，就会使得概念含混不清，犯"概念含混"的逻辑错误。法律规范作为人们的行为准则，明是非、定赏罚的尺度，所使用的概念必须有明确的内涵和外延，这是保证法律严谨性、权威性的基本条件。但现行法律中使用了许多未加明确界定的概念，造成了某些法律条文难以理解或理解不一致。例如，《刑法》第二十条第三款规定，"对正在进行行凶、杀人、抢劫、强奸、绑架以及其他严重危及人身安全的暴力犯罪，采取防卫行为……不负刑事责任"。在这条规定中，使用了"行凶""杀人""抢劫""强奸""绑架"等概念。"杀人""抢劫""强奸""绑架"是法律术语，有准确的法律解释；但"行凶"却是一个普通词语，其内涵与外延都不明确，无法从专业的角度上进行界定。因此在司法实践中，某一行为应否算"行凶"，没有一个认定的标准，这必将造成执法上的混乱。

（二）违反不矛盾律

逻辑规则要求在同一思维过程中，相互矛盾或相互反对的两个思想，不能同时都真，其中必有一假，这就是不矛盾律。违反不矛盾律就会出现"自相矛盾"的逻辑错误。立法语言表述法律规范时绝不能违背不矛盾律，否则不仅会造成法律条文本身包含逻辑矛盾的笑话，失去法律应有的严密性和严肃性，更会给执法活动和司法活动带来影响。例如，《刑事诉讼法》第五十五条规定："对一切案件的判处都要重证据，重调查研究，不轻信口供……"所谓口供，就是指犯罪嫌疑人、被告人的供述和辩解，《刑事诉讼法》第五十条将其规定为八种法定证据之一。说"重证据"当然应该是指注重包括"口供"在内的法定证据；又说"不轻信口供"，不但将"口供"排除出了证据之列，而且将二者对立，违反了不矛盾律。造成了自相矛盾的错误。

（三）逻辑层次不清

老舍先生曾经说："文章一句一句之间的联系应该是逻辑的、有机的联系，就跟咱们周身的血脉一样，是一贯相通的。"① 一般文章尚应如此，法律文本更应该做到逻辑层次分明、有序，而我国现行法律中却存在这样或那样的逻辑层次不清问题，如并列使用非同一层次的概念。《宪法》第四十九条规定，"婚姻、家庭、母亲和儿童受国家的保护"。"婚姻"和"家庭"是一组概念，"母亲"与"儿童"是一组概念，简单地将"婚姻、家庭、母亲与儿童"平列，不符合逻辑层次要求。

（四）列举不当

列举是揭示概念部分外延的逻辑方法，在我们日常思维中常用来明确概念的外延。立法语言中，不完全的列举往往会留下法律漏洞。例如，《刑法》第一百四十七条规定："生产假农药、假兽药、假化肥，销售明知是假的或

---

① 宗廷虎，邓明以，李熙宗，李金苓. 修辞新论. 上海教育出版社，1985：200.

者失去使用效能的农药、兽药、化肥、种子，或者生产者、销售者以不合格的农药、兽药、化肥、种子冒充合格的农药、兽药、化肥、种子……"本条中的列举没有上位属概念兜底，给人的感觉是完全列举。这样，按照法无明文规定不为罪、法无明文规定不处罚的原则，只能对所列行为定罪科刑。而实践中还有生产、销售假劣农机具、塑料薄膜等严重侵害农民合法权益、扰乱农业生产秩序的行为，需要用刑罚加以制裁，如果本条加上"或者其他农用物资"加以概括，将会更有利于打击坑农害农的违法犯罪行为。

概括是由外延较小的种概念过渡到外延较大的属概念的逻辑方法。它可以使表述更加准确，同时避免过多列举的烦琐。法律表述中，不能很好地使用概括的技术手段，就会出现列举烦琐的毛病。例如，《道路交通安全法》第四十四条规定："机动车通过交叉路口，应当按照交通信号灯、交通标志、交通标线或者交通警察的指挥通过；通过没有交通信号灯、交通标志、交通标线或者交通警察指挥的交叉路口时，应当减速慢行，并让行人和优先通行的车辆先行。"这里两次列举"交通信号灯、交通标志、交通标线和交通警察的指挥"。这些种概念，使得语言累赘、冗长。实际上，该法第二十五条第二款已明确规定："交通信号包括交通信号灯、交通标志、交通标线和交通警察的指挥。"这就以法条的形式界定了"交通信号"这个概念的内涵和外延。所以第四十四条直接使用"交通信号"这一属概念加以概括，会使法条的表述更简洁。

四、 用语不庄重

国家制定的法律是人们必须普遍遵守的行为准则，是警察的执法依据，具有普遍的约束力和至高无上的权威性、庄严性，其实施是以国家强制力为保障的。与此相应，立法语言必须反映出法律的权威性和庄严性。立法语言在用词与用句方面都存在不庄重的问题：

（一）用词的庄重性问题

立法语言要求尽量选用法律专业术语或者其他规范的书面词语，而避免使用那些不符合规范的词语或者比较随意的口头语，以保证法律的庄重严肃性。但是，立法语篇为求语言简洁明了，常常将几个词或者一些结构不固定的词组紧缩、简略而成一个新的语言单位，简省不当时，就产生了臆造词。例如，《行政诉讼法》第五十九条第一款第三项规定，"指使、贿买、胁迫他人作伪证或者威胁、阻止证人作证的"；这里的"贿买"在《现代汉语词典》《辞海》中均无该词，属生造词。它实际是"贿赂、收买"的简省。类似的例子还出现在《道路交通安全法》中，其第四十八条第一款规定："机动车载物应当符合核定的载质量，严禁超载；载物的长、宽、高不得违反装载要求，不得遗洒、飘散载运物。"同样，"遗洒"应该是"遗留、抛洒"的简省。生造词的含义是不确定的，它也不为大众所认同，因而使用者所要表达的思想内容不能够被受众准确知晓，所以它是不应该进入立法语言的。从某种意义上说，法律是调整社会生活的"技术规范"或"技术标准"，如果不规范、不标准的词语进入了技术规范或技术标准，这种规范或标准就成了无从遵循的歧义之源，法律的严肃性、权威性也就无从谈起。

（二）用句的庄重性问题

语法是语言的要素之一，是人们在运用语言过程中必须遵守的基本规范。立法语言作为法律规范的专门载体，应该成为遵守语法规则的典范，这是实现法律普遍的约束力和至高无上的权威性、庄严性的前提。但我国现行法律中存在不少语法错误。

1. 成分搭配不当

在造句的时候，各种句法成分在语义上都必须有正确的搭配关系，这种搭配关系有的是从事理上说的，有的是语言习惯。搭配得当，则文从字顺；否则，便成病句。例如，《刑事诉讼法》第一百六十二条，"公安机关侦查终结的案件，应当做到犯罪事实清楚，证据确实、充分，并且写出起诉意见书，连同案卷材料、证据一并移送同级人民检察院审查决定；同时将案件移送情况告知犯罪嫌疑人及其辩护律师"。这是一个递进复句，前一分句的主语是"……案件"，后一分句的主语承前省略，也应是"……

案件"。后一分句就是"……案件写出起诉意见书"。"案件"显然不能"写出起诉意见书",这就造成了后一分句主语与谓语不搭配。从上下文看,后一分句的主语应是"公安机关"。立法语言中的主谓搭配不当常见于复句的分句中,往往是几个分句的主语不同,而后面的分句承前省略主语不当,造成后面分句主谓搭配不当。

2. 成分残缺

在用词造句的时候,如果不符合省略的条件而省略了应有的成分,就是句子成分残缺。句子成分残缺会使句子结构不完整,表达的意思不准确。立法语言中,常见的是由于省略不当和滥用介词造成的主语缺失。例如,《刑法》第四条:"对任何人犯罪,在适用法律上一律平等。不允许任何人有超越法律的特权。"本条并非真正缺少主语,而是将主语放在介词短语中了,去掉"对","任何人犯罪"这一主谓短语就可以做句子的主语。

再如,《道路交通安全法》第八十三条:"交通警察调查处理道路交通安全违法行为和交通事故,有下列情形之一的,应当回避:(一)是本案的当事人或者当事人的近亲属;(二)本人或者其近亲属与本案有利害关系;(三)与本案当事人有其他关系,可能影响案件的公正处理。"

每一个法律规范都不是针对某一个人或某一件事,而是针对某一类人或某一类事的,属于同一类的人或事在语言表述中必须处在句法结构的同一个层位上。法律条文为了表意清楚、易懂,常常使用并列复指结构。这种复指成分一般使用"的"字短语,这已成为立法语言中程式化的语言形式之一。"的"字短语的"的"是不能少的。本条缺少了"的"字,造成了残缺。改为"……有下列情形之一的,应当回避:(一)是本案的当事人或者当事人的近亲属的;(二)本人或者其近亲属与本案有利害关系的;(三)与本案当事人有其他关系,可能影响案件的公正处理的。"才符合句理要求。

3. 虚词错用

汉语没有形态变化,语句内部各成分间的结构关系主要靠语序、虚词来表示,但虚词在使用时要受到一些因素的限制。不了解或忽视了这些限制,就会错用虚词。立法语言中的一些使用频率很高的虚词常有错用情况。

"对"错用为"对于"。语法学界普遍认为,"对"的语法意义比"对于"更为宽泛,"对"可以做动词、形容词、量词和介词,而"对于"只能做介词。在同做介词的情况下,"对"可以引进动作、行为的方向、目标或者含有"对待"的意味,可用"向""朝""对待"等替换,"对于"则没有这种语法意义。立法语言常用介词"对"或者"对于"与其他词语组成介词短语指示行为对象或行为关涉范围。① 但"对"除此之外还可以引进动作、行为的方向、目标,还含有"对待"的意味。因此,"对"的适用面要比"对于"广,用"对于"的句子都能换用"对",但用"对"的句子,有些不能换用"对于"。例如,《刑法》第六十一条:"对于犯罪分子决定刑罚的时候,应当根据犯罪的事实、犯罪的性质、情节和对于社会的危害程度,依照本法的有关规定判处。"本条中,"对于"是"对"的错用,因为这里有"对待"之意。"对"与"对于"的另一个区别,就是在表示人与人之间的关系时,只能用"对"②,不能用"对于"。法律文本中有的"对于"句的使用不符合这一语法规则。例如,《宪法》第四十一条第一款:"中华人民共和国公民对于任何国家机关和国家工作人员,有提出批评和建议的权利;……"这里表示公民与国家机关和国家工作人员之间的关系,因此,"对于"属错用。

"为"错用为"对"。介词"对"与"为"的区别在于,"对"指示动作的对象,"为"则引进动作的受益者。例如,《行政诉讼法》第九条第三款:"人民法院应当对不通晓当地民族通用的语言、文字的诉讼参与人提供翻译。"这里"对"的宾语"不通晓当地民族通用的语言、文字的诉讼参与人"是动作"提供翻译"的受益者,因此,"对"是错用,应改为"为"或"给"或"替"。

4. 虚词滥用

在语句中,不应使用虚词的地方,却硬性地使用,因而打乱了本来正

---

① 王洁.法律语言学教程.法律出版社,1997:62.
② 吕叔湘.现代汉语八百词(增订本).商务印书馆,1999:551.

确的语法关系，造成语法错误及语义错误的，就是虚词的滥用。例如，《刑事诉讼法》第六条："人民法院、人民检察院和公安机关进行刑事诉讼，必须依靠群众，必须以事实为根据，以法律为准绳。对于一切公民，在适用法律上一律平等，在法律面前，不允许有任何特权。"这里"对于一切公民"的"对于"属滥用，造成了句子成分残缺的语病，应该去掉。

5. 虚词漏用

语句中，有的地方需要使用虚词，这样才能正确、清楚地表明句子成分之间的语义、语法关系。由于缺少这个需用的虚词，因而使语法关系不清，表意不够确切的，就是虚词的漏用。例如，《公务员法》第三十九条："定期考核的结果作为调整公务员职位、职务、职级、级别、工资以及公务员奖励、培训、辞退的依据。"这里，"奖励、培训、辞退"的对象是"公务员"，"对"的作用是引进动作的关联对象，指明对这个对象已经或者将要采取什么行动或态度，因此在"公务员奖励、培训、辞退的依据"前，缺少介词"对"，造成了句子成分的残缺。

第二节
立法语言失范是世界性问题

一、 立法语言失范在世界各国普遍存在

立法语言失范问题是世界各国普遍存在的现象，而非我国所独有。例如，《美国宪法》第 5 条规定了宪法的修改程序：宪法修正案要经过全国所有的州中 2/3 以上多数的州的立法机关提出，还要经过全国所有的州中的 3/4 的州的立法机关或者经过全国所有的州中的 3/4 的州的制宪会议批准，才能生效，成为宪法的一部分。为了表达"全国所有的州"的意思，

该条连续三次使用了"theSeveral States"这个词组。这种表达无论如何也是不规范的。立法者使用"the Several States"而不用"the all States",可能是想说明宪法修正案要经过各个州逐个地进行批准的意思,但力不从心,造成了逻辑不通的后果。在《美国宪法》的多个中文版本中,都将"the Several States"翻译成"各州",于是便出现了"各州三分之二的州"和"各州四分之三的州"这种不伦不类的数理关系。① 这不是翻译者的错误,而是因为英文原文不规范。联合国的一些公约也同样存在语言失范问题。例如,联合国大会于1966年颁布了一个《Civil Right和政治权利国际公约》,这个公约的题目就存在语言失范问题。Civil Right是什么权利?如果是指人们通常在习惯上所说的"民事权利",似乎与这个文件的内容不相符合,因为这个文件规定了诸如"沉默权""辩护权"之类的明显不属于"政治权利"和"民事权利"的权利。如果是指"公民权利"的话,对于只有臣民(Subject)没有公民(Citizen)的国家(如英国),这个文件该如何适用?立法者可能正是要回避"Citizen right"与"Subject Right"的矛盾,才使用了"Civil Right"这一中性的概念。这样看来,"Civil Right"似乎与"Human Right"是同义词,既然如此,为何又要将它和政治权利并列呢?政治权利不正是"Human Right"的一种吗?政治权利既然是人权的一种,两者在逻辑上就是种属关系而非并列关系,就不能将它们并列在一起。

德语以精确著称,而《德国民法典》被称为法学家的民法典,但其中仍有不规范之处,宋北平先生在《法律语言》一书中引用了德国法学家卡尔·恩吉施《法律思维导论》中关于《德国民法典》第1589条的例子。这一条表述为:"一个人由另一个人所生,该二人是直系亲属。非为直系但出自同一第三人的人,是旁系亲属。亲属的等级根据亲属关系的出生次数来确定。非婚生子女与其父亲不视为亲属关系。"卡尔·恩吉施说,明显地,最后一句中,立法者的意思可能不是指非婚生子女与其父亲不是以

---

① 宪法资料选编(第四辑).北京大学出版社,1981:245;赵宝云.西方五国宪法通论.中国人民公安大学出版社,1994:404.

自然的（Naturlich）方式存有血缘亲属关系，而只是说，非婚生子女与婚生子女在法律上，具体来说，就是在民事法律上不应同等看待。[①] 法条中没有出现"民事法律"这样的限制词，其意思就让人大惑不解，因为自古以来，非婚生子女与其父亲本就存在亲属关系。德语的立法语言尚需规范，其他语种的立法语言就可想而知了。

二、 汉语特性对我国立法语言的影响

西方语言是一种形态语言，句子的句法、语义信息都反映在形态变化上，其特点是严谨。表现为主语与谓语、修饰语与中心语的结合要求一致严格的关系，动词对它所支配的宾语也有特定的要求。正是这种牵丝攀藤般的形式，使得西方语言在表述法律严谨、复杂的法律内容的时候得心应手。这样的法律条文必然很长，并带有各种复杂的附加修饰成分、插入语、并列结构和同位语等句子成分，有时虽然造成阅读和理解甚至使用上的困难，但是却能保证法律内涵的完整性、准确性和严密性。

而汉语与西方语言完全不同，它是一种表述形式灵活、缺乏形态变化的语言，仅靠语序和虚词调整语法结构，而且虚词往往可以省略，所以表达中意合现象非常普遍。王力先生说："西洋语的结构好像连环，虽则环与环都联络起来，毕竟有联络的痕迹；中国语的结构好像无缝天衣，只是一块一块的硬凑，凑起来还不让它有痕迹。西洋语法是硬的，所以西洋语法有许多呆板的要求——唯其是软的，所以中国语法只以达意为主。"[②] 当代学者申小龙也说："汉语句子不像西方语言的句子那样以动词为中心搭起固定框架，以'形'役'意'，而是以意义的完整为目的，用一个个语言板块（句读段）按逻辑事理的流动，铺排的局势来完成内容表达的要求。"[③] 这就是说，在汉语的句子里，每个词排在哪里，没有法、形态变化，要你斟酌，要你从多个不同的关系去考虑。一个字、一句话足够一个

---

① 宋北平. 法律语言. 中国政法大学出版社，2021：340.
② 陈建民. 中国语言和中国社会. 广东教育出版社，1999：206.
③ 郝铁川. 中国语言、思维与法律. 法制日报，2002-10-10（3）.

人去体会一番，体会能力高，则可领会多些；体会不到，问题不在说话者，而在听话者。这种语言形态不但给灵活使用语言提供了广阔空间，而且使汉语具有了模糊性、朦胧美。但是汉语的特点与法律表述要求发生了矛盾，汉语的这种模糊性、朦胧美无法适应法律精确性的需要，法律条文中出现一些表意模糊、不精确的问题也就不奇怪了。加之法律语言多用长句，句子一长，词语一多，就难以妥帖安排词语的次序，难免产生病句。因此，适应法律复杂、严谨、准确的表达要求汉语有时就显得捉襟见肘，因此相对来讲，要用汉语表述好法律条文，难度比其他语言要大。

三、 汉民族思维形式对我国立法语言的影响

中国传统的思维方式偏重于直觉思维、整体思维和意象思维。古代的思想家并不怎么重视逻辑思维，而习惯于进行直觉体验。其基本形式是常常通过"顿悟"来表现，它的目的在于把握对象的整体表象特征。就思维的精确性来看，直觉思维是一种模糊的思维方式。整体思维又称系统思维，它认为整体是由各个局部按照一定的秩序组织起来的，要求以整体和全面的视角把握对象，中国文化偏重综合、弱于分析、概念的模糊性等都受到这种思维方式的影响。意象思维方式亦称为象征，是用某种具体的形象的东西来说明某种抽象的观念或原则，是一种由具体到抽象的飞跃。中国传统意象思维的优点是富于灵感，带有跳跃性和创造性，但它的缺点是不够严密、精确，缺乏科学性。汉民族这种长于形象思维，长于直觉、体验、想象，而短于逻辑推理的思维方式反映到语言上，就是高名凯所说的：中国人的语言，在表现具体的事物方面，是非常活泼的，而在抽象关系的说明方面，则没有西洋语言那样精确。[①] 传统思维形式的这些特点，对我国立法语言的使用产生了一定影响。

---

① 转引自邓晓华. 人类文化语言学. 厦门大学出版社，1993：151-152.

第三节
我国立法语言的规范路径

立法语言失范带来的负面影响是多方面的，不但增加了立法难度，模糊了立法意图，而且影响了法律的使用，纵容了违宪、违法行为，冲击了语言科学，诱发了不良意识。① 不仅与一个现代法治国家的法治形象不相称，同时也影响了法律的正确适用。要从根本上解决立法语言的失范问题，就必须将其解决在问题发生之前，解决在立法过程之中。

一、 制定完善的立法表达技术规范

多年来，各级立法机构在制定立法表达技术规范方面做了许多努力。全国人大常委会法工委在组织力量对立法技术规范问题进行专题研究的基础上，分别于 2009 年和 2011 年公布了《立法技术规范（试行）（一）》和《立法技术规范（试行）（二）》，规范中专列了"法律条文表述规范""法律常用词语规范"（见附录）。在地方立法层面，上海市早在 2000 年就公布了《上海市人大常委会立法技术规范》，杭州市于 2013 年公布《杭州市地方立法技术规范（草案）》，设立"地方立法语言"专章对立法语言技术作出了规定②；2014 年云南省修订颁布《云南省人民代表大会常务委员会立法技术规范》，对"法规的专门用语"进行了规范要求③。北京市、

---

① 刘大生. 中国当前立法语言失范化之评析. 法学，2001（1）：11.
② 杭州市地方立法技术规范（草案）. ［2021-04-21］. 杭州人大网. http：//www. hzrd. gov. cn/zxzx/rdxw/201304/t20130427_ 383550. html.
③ 云南省人民代表大会常务委员会立法技术规范. ［2021-04-21］. 云南人大网. http：//www. srd. yn. gov. cn/lfgz/lfdt/201406/t20140613_ 379854. html.

重庆市、浙江省、广东省、陕西省等省市都印发了类似的"制定地方性法规技术规范"或"地方立法技术规范"，为规范立法语言提供了指引。中央和地方现有的立法技术规范，总体上数量或许不少，但是比较分散、驳杂，全国人大法工委印发的《立法工作规范手册（试行）》因为"试行"又显得权威不够，不能很好地发挥统一规范和指导立法实践的应有作用。①

　　因此，要加快完善立法技术规范步伐，借鉴参考国外先进立法经验，细化立法语言技术规范。在《立法工作规范手册（试行）》现有法律常用词语的基础上，尽快编撰统一的法律常用词语规范表，包括统一用字表、统一用语表、立法惯用词及标点符号等，为法律的起草、审议和修改提供语言技术层面的支撑。同时，应当认识到，在浩如烟海、数千部法律法规中保障法治统一，单靠翻书查询已经力有不逮，应在全国人大官网上提供链接的"中国法律法规信息库"和国务院法制办官网上提供链接的"法律法规数据库"两套系统的基础上，建设统一的法律法规数据库，将所有现行法律法规以容易检索的形式数据化。②通过技术手段保障立法语言的统一性。如果每一部法律在文本起草阶段，都依据统一的法律常用词语规范的概念和表述进行，就可以大大减少立法语言失范问题。

二、 建立严格的立法语言审查制度

　　同当今世界普遍存在的单一的立法体制、复合的立法体制、制衡的立法体制不同，中国现行立法体制具有鲜明特色：从立法权限划分的角度看，它是中央统一领导和一定程度分权的，多级并存、多类结合的立法权限划分体制。即最重要的立法权也就是国家立法权——立宪权和立法律权，属于中央，并在整个立法体制中处于领导地位。国家立法权只能由最高国家权力机关及其常设机关行使；全国人大及其常委会制定国家法律，

① 田林. 关于确立根本性立法技术规范的建议. 中国法律评论，2018（1）：183.
② 田林. 关于确立根本性立法技术规范的建议. 中国法律评论，2018（1）：182.

国务院及其所属部门分别制定行政法规和部门规章，一般地方的有关国家权力机关和政府制定地方性法规和地方政府规章；上述立法及其所制定的规范性法律文件，同民族自治地方的立法及其所制定的自治法规，以及经济特区和中国港澳特别行政区的立法及其所制定的规范性法律文件，在类别上有差异。在这种多方面参与立法的立法体制下，设立专门的语言审查程序就显得非常有必要，但我国现行立法程序主要是围绕内容设定的，还缺乏专门的立法语言审查程序。我国 2000 年公布的《立法法》只解决了立法权限、立法程序、立法监督等根本性问题，而未对立法语言等技术性问题提出明确的标准与要求。2015 年修订的《立法法》，仅对部分条款作了修改订正，依然没有对立法语言提出要求，没有增加语言审查程序。2001 年 11 月国务院公布的《行政法规制定程序条例》，也只在第五条简略提到行政法规"应当备而不繁，逻辑严密，条文明确具体，用语准确、简洁，具有可操作性"。

建立严格的立法语言审查制度，可以有效降低立法语言失范问题的发生。理想的语言审查程序应该包括专家审查、公众审查和机构审查。专家审查，就是扩大吸收专家型人大代表参与法案起草、论证和修改完善工作；听取立法相关领域专家意见，确保立法语言符合相关领域专业知识；邀请语言学家参与法律草案的起草、讨论，对法律文本的语法、修辞、逻辑等方面进行审查把关；充分发挥立法用语规范化专家咨询委员会的实质审查作用，加强不同领域专家审查立法语言的互动，提高立法意见和建议的合理性、科学性。① 公众审查，就是完善法律草案公开征求意见反馈机制，广泛听取社会公众意见，及时发现文本中深奥晦涩或者有歧解的地方，确保法案用语准确反映人民利益和意志。机构审查，就是由专门的立法语言审查机构对法律文本进行全方位的语言审查，确保规范使用立法语言及相关学科专业用语，未能通过语言审查程序的法案不能生效。

---

① 姚树举．立法如何讲好法言法语．学习时报，2021-6-2（2）.

三、 加强立法技术的科学研究

立法语言属于立法技术层面，是与立法质量直接相关的一种专门语言。它既与语言学交叉，又与法律规范密不可分，具有独特的规律和体系，需要运用立法学、部门法、法理学、逻辑学、语言学等多元学科知识，运用综合方法，作为一门科学深入、系统、精细地进行研究。在国外，大多有专门人员从事立法技术的专门研究。20 世纪 50~60 年代，以英国的小威廉·斯托克（William Strunk Jr.）、E. B. 怀特（E. B. White），美国的瑞德·迪克逊（Reed Dickerson）、理查德·C. 威迪克（Richard C. Wydick）、鲁德菲·福莱施克（Rudolph Flesck）等为代表的一批知名学者就开始了如何使用简明、规范的语言表述法律文本的研究。小威廉·斯托克和 E. B. 怀特合著的《风格的要素》（The Elements of Style）一书总结了 7 条基本的惯用语规则，10 条基本的作文规则和 21 条文体的规则，以及一系列用词造句方面的规则。这些学者的著作实用性很强，每个观点和主张都用大量的实例作为佐证，并附有各种立法起草的实际练习。在日本，日本内阁法制局的资深起草人撰有四卷《立法技术入门讲座》，以及《法令用语入门》等著作，这些书对日本立法文件如何起草，以及立法文件的结构、立法的用词用句等进行了论述。我国应借鉴国外经验，重视、深化立法理论研究，积极吸收部门法立法理论、解释理论研究成果，结合执法司法案例，进一步提炼立法表达规则，细化立法表达技术规范。

四、 注重立法人才的培养储备

高质量立法需要强有力的人才支撑。马克思曾经说："立法者应该把自己看作一个自然科学家。他不是在制造法律，不是在发明法律，而仅仅是在表述法律。如果一个立法者用自己的臆想来代替事情的本质，那么我们应该责备他极端任性。"① 美国许多法学院都开设了立法起草课，系统讲授包括立法语言在内的立法起草规则。而我国对专门立法人才的培养仍然重视不够，大学本科阶段没有立法语言课程，研究生阶段没有立法语言专业，从事立法语言研究工作的专业人员很少。近年来，这种状况虽有所好转，但依然处于起步阶段。因此，要重视立法技术基础教育，开设立法起草原理课程，系统讲授立法语言规范使用方法；完善立法职业准入制度，把立法语言专业能力、法律专业能力等作为招录立法工作者的重要考量标准；充分认识立法语言的法律专业属性，通过调任、选拔、挂职等方式，从法律实务部门、法律院校、科研院所和其他单位遴选立法工作者，推进立法队伍专业化，建设新时代高素质立法工作队伍；加强立法语言专题培训，促进立法语言理论及运用经验交流，提高立法工作队伍的法律专业能力、逻辑思维能力、语言表达能力，使立法工作队伍熟练掌握和运用法言法语。②

法律文本是司法和执法的前提和依据，如果立法语言有瑕疵，不规范，所涉及的具体条款内容就可能表达不明或有歧义，就可能导致执法和司法过程中出现偏差，甚至使无辜的人承受不应遭受的法律惩罚。在立法语言不够完善的情况下，公安民警应自觉提高法律素养，强化法治思维，精通与执法相关的法律法规，不仅全面、正确地理解法律条文，而且知晓蕴含在法律条文中的立法精神和法理原则，从而在办理具体案件时，避免因不能用法律精神正确解释法律而造成的执法偏差，从而实现最佳法律效果。

---

① 马克思恩格斯全集（第一卷）. 人民出版社，1972：183.
② 姚树举. 立法如何讲好法言法语. 学习时报，2021-6-2（2）.

附录

附录一:

《立法技术规范（试行）（一）》 中的"法律条文表述规范"

二、法律条文表述规范

5. 立法目的与立法依据的表述

5.1　法律一般需要明示立法目的，表述为："为了……，制定本法"，用"为了"，不用"为"。立法目的的内容表述应当直接、具体、明确，一般按照由直接到间接、由具体到抽象、由微观到宏观的顺序排列。

5.2　法律一般不明示某部具体的法律为立法依据。但是，宪法或者其他法律对制定该法律有明确规定的，应当明示宪法或者该法律为立法依据。表述为："……根据宪法，制定本法。"或者"……根据《中华人民共和国××法》的规定，制定本法。"

5.3　立法目的与立法依据（需要规定立法依据时）一般在第一条一并表述，先表述立法目的，再表述立法依据。

6. 引用法律名称的表述

6.1　引用本法时，表述为："本法……"。

6.2　引用其他法律时，在特指具体法律时，所引法律的名称用全称加书名号。

示例：商业银行的组织形式、组织机构适用《中华人民共和国公司法》。

6.3　引用《中华人民共和国宪法》时，不用全称，也不加书名号，直接表述为"宪法"。

7. 适用法律的表述

7.1　具体指明适用某部法律的，表述为："……适用《中华人民共和国××法》的规定"或者"……适用《中华人民共和国××法》……的规定"。为了避免以后法律修改可能出现的条文不对应问题，一般不出现具体条文的序号。

7.2　概括适用其他法律、法规的，表述为："……适用《中华人民共和国××法》和其他法律（法规）的规定"，或者"……适用有关法律（法规）的规定。"

7.3　优先适用其他法律、法规的，表述为："……适用本法，《中华人民共和国××法》另有规定的，适用其规定。"或者"……适用本法，《中华人民共和国××法》和其他法律（法规）另有规定的，适用其规定。"

7.4　优先适用本法的，表述为："……与本法规定不一致的，适用本法。"

8．"有下列情形之一的"与"有下列行为之一的"表述

8.1　"情形"用于表示事物所表现出来的外在形态和状况。

8.2　"行为"用于表示人的活动。

8.3　如果列举的内容既包括"情形"又包括"行为"时，统一用"情形"。

8.4　"有下列情形之一的，……"和"有下列行为之一的，……"中的"的"字不能省略，其所列各项末尾是否用"的"字，根据下列三种情况确定：

8.4.1　所列项是名词时，不用"的"。

示例：本章有关规定中，有下列情形的，可以保留或使用繁体字、异体字：

（一）文物古迹；

（二）姓氏中的异体字；

（三）书法、篆刻等艺术作品；

……

8.4.2　所列项是主谓结构时，视为名词性短语，不用"的"。

示例：有下列情形之一的，委托代理终止：

（一）代理期间届满或者代理事务完成；

（二）被代理人取消委托或者代理人辞去委托；

（三）代理人死亡；

……

8.4.3　所列项是动宾结构时，应当用"的"。

示例：企业法人有下列情形之一的，除法人承担责任外，对法定代表人可以给予行政处分、罚款，构成犯罪的，依法追究刑事责任：

（一）超出登记机关核准登记的经营范围从事非法经营的；

（二）向登记机关、税务机关隐瞒真实情况、弄虚作假的；

（三）抽逃资金、隐匿财产逃避债务的；

（四）解散、被撤销、被宣告破产后，擅自处理财产的；

……

9. 引用法律条文中第×项的表述

9.1　引用某项时，该项的序号不加括号，表述为："第×项"，不表述为："第（×）项"。

9.2　引用某条的某项时，表述为："第×条第×项"或者"第×条第×款第×项"。

9.3　引用两项时，表述为："第×条第×项、第×项"。

9.4　引用三项以上的，对连续的项表述为："第×条第×项至×项"；对不连续的项，列出具体各项的序号，表述为："第×条第×项、第×项和第×项"。

10. 部门的表述

10.1　法律中一般不写部门的具体名称。

10.2　法律中行政机关的表述，一般使用"××主管部门"。

示例：国务院城乡规划主管部门负责全国的城乡规划管理工作。

10.3　对某些部门，实践中已有固定表述的，如"公安机关"、"工商行政管理部门"、"海关"等，仍保留原来的表达方式。

示例：县级以上地方人民政府公安机关对本行政区域内的消防工作实施监督管理，并由本级人民政府公安机关消防机构负责实施。

10.4　对少数情况特殊的部门，应当表述准确，如司法部就不能表述为"司法部门"，而应当表述为"司法行政部门"。这里"行政"与"主管"不能并用。

示例：司法行政部门依照本法对律师、律师事务所和律师协会进行监督、指导。

10.5　法律授权履行监督管理职能的组织机构，表述为"××机构"。

示例：国务院保险监督管理机构依法对保险业实施监督管理。

国务院保险监督管理机构根据履行职责的需要设立派出机构。派出机构按照国务院保险监督管理机构的授权履行监督管理职责。

11. 数字的使用

11.1　序数词、比例、分数、百分比、倍数、时间段、年龄、人数、金额，以及表示重量、长度、面积等计量数值的数字，均用汉字数字表述。

示例：宪法的修改，由全国人民代表大会常务委员会或者五分之一以上的全国人民代表大会代表提议，并由全国人民代表大会以全体代表的三分之二以上的多数通过。

11.2　公历年、月、日，统计表中的数字，需要精确到小数点后的数字，法律条文中"目"的序号等，均用阿拉伯数字表述。

示例1：承运人对货物的灭失或者损坏的赔偿限额，按照货物件数或者其他货运单位数计算，每件或者每个其他货运单位为 666.67 计算单位，……

示例2：本章下列用语的含义：

……

（三）"托运人"，是指：

1. 本人或者委托他人以本人名义或者委托他人为本人与承运人订立海上货物运输合同的人；

2. 本人或者委托他人以本人名义或者委托他人为本人将货物交给与海上货物运输合同有关的承运人的人。

……

12. 标点符号的使用

12.1 主语和谓语都比较长时，主语和谓语之间加逗号。

示例：全国人民代表大会常务委员会、国务院、中央军事委员会、最高人民法院、最高人民检察院、全国人民代表大会各专门委员会，可以向全国人民代表大会提出法律案，由主席团决定列入会议议程。

12.2 一个句子内部有多个并列词语的，各个词语之间用顿号，用"和"或者"以及"连接最后两个并列词语。

示例：国家保护公民的合法的收入、储蓄、房屋和其他合法财产的所有权。

12.3 一个句子存在两个层次以上的并列关系时，在有内在联系的两个并列层次之间用顿号，没有内在联系的两个并列层次之间用逗号。

示例：全国人民代表大会常务委员会 1957 年 10 月 23 日批准、国务院 1957 年 10 月 26 日公布的《国务院关于国家行政机关工作人员的奖惩暂行规定》，1993 年 8 月 14 日国务院公布的《国家公务员暂行条例》同时废止。

12.4 在多重复句中，各并列分句内已使用逗号的，并列分句之间用分号。

示例：……人员，有……行为之一的，依法给予行政处分；情节严重的，依法开除公职或者吊销其从业资格；构成犯罪的，依法追究刑事责任。

12.5 在修正案、修改决定中，使用引号时，根据下列情况确定：

12.5.1 引用内容是完整的条、款的，条、款末尾的标点符号标在引号里边。

示例：将刑法第一百五十一条第三款修改为："走私珍稀植物及其制品等国家禁止进出口的其他货物、物品的，处五年以下有期徒刑或者拘役，并处或者单处罚金；情节严重的，处五年以上有期徒刑，并处罚金。"

12.5.2 引用内容是条文中的局部或者是名词、短语的，在引号内引用部分的末尾不加标点符号，但是在引号外的句末，应当加注标点符号。

示例：将本法其他各条款中的"全民所有"改为"国家所有"，"国营"改为"国有"。

12.5.3 引用内容是分款（项）的条文，每款（项）的前面用前引号，后面不用后引号，但是在最后一款（项）的后面，应当用后引号。

示例：第一百七十九条第一款改为第一百七十九条，修改为："当事人的申请符合下列情形之一的，人民法院应当再审：

"（一）有新的证据，足以推翻原判决、裁定的；

"（二）原判决、裁定认定的基本事实缺乏证据证明的；

"（三）原判决、裁定认定事实的主要证据是伪造的；

……

"（十三）据以作出原判决、裁定的法律文书被撤销或者变更的。

"对违反法定程序可能影响案件正确判决、裁定的情形，或者审判人员在审理该案件时有贪污受贿，徇私舞弊，枉法裁判行为的，人民法院应当再审。"

附录二:

《立法技术规范（试行）（一）》中的"法律常用词语规范"

三、法律常用词语规范

13. 和，以及，或者

13.1 "和"连接的并列句子成分，其前后成分无主次之分，互换位置后在语法意义上不会发生意思变化，但是在法律表述中应当根据句子成分的重要性、逻辑关系或者用语习惯排序。

示例1：一切法律、行政法规和地方性法规都不得同宪法相抵触。

示例2：较大的车站、机场、港口、高等院校和宾馆应当设置提供邮政普遍服务的邮政营业场所。

13.2 "以及"连接的并列句子成分，其前后成分有主次之分，前者为主，后者为次，前后位置不宜互换。

示例1：开庭应当公开，但涉及国家秘密、商业秘密和个人隐私以及当事人约定不公开的除外。

示例2：国务院和省、自治区、直辖市人民政府根据水环境保护的需要，可以规定在饮用水水源保护区内，采取禁止或者限制使用含磷洗涤剂、化肥、农药以及限制种植养殖等措施。

13.3 "或者"表示一种选择关系，一般只指其所连接的成分中的某一部分。

示例：任何组织或者个人不得侵占、买卖或者以其他形式非法转让土地。土地的使用权可以依照法律的规定转让。

14. 应当，必须

"应当"与"必须"的含义没有实质区别。法律在表述义务性规范时，一般用"应当"，不用"必须"。

示例：仲裁庭对农村土地承包经营纠纷应当进行调解。调解达成协议的，仲裁庭应当制作调解书；调解不成的，应当及时作出裁决。

15. 不得，禁止

"不得"、"禁止"都用于禁止性规范的情形。"不得"一般用于有主语或者有明确的被规范对象的句子中，"禁止"一般用于无主语的祈使句中。

示例1：任何组织或者个人都不得有超越宪法和法律的特权。

示例2：禁止非法拘禁和以其他方法非法剥夺或者限制公民的人身自由，禁止非法搜查公民的身体。

不再使用"不准""不应""不能""严禁"等与"不得"和"禁止"相近的词语。

16. 但是，但

"但是"、"但"二者的含义相同，只是运用习惯的不同。法律中的但书，一般用"但是"，不用单音节词"但"。"但是"后一般加逗号，在简单句中也可以不加。

17. 除……外，除……以外

"除……外"和"除……以外"搭配的句式用于对条文内容作排除、例外或者扩充规定的表述。对条文内容作排除、例外表达的，置于句首或者条文中间，表述为"除……外，……"或者"……除……以外，……"；对条文内容作扩充表达的，置于条文中间，表述为"……除……以外，还……"。

示例1：除法律另有规定外，任何组织或者个人不得检查、扣留邮件、汇款。

示例2：农村和城市郊区的土地，除由法律规定属于国家所有的以外，属于集体所有；宅基地和自留地、自留山，也属于集体所有。

示例3：买卖合同内容除依照本法第十二条的规定以外，还可以包括包装方式、检验标准和方法、结算方式、合同使用的文字及其效力等条款。

18. 依照，按照，参照

18.1 规定以法律法规作为依据的，一般用"依照"。

示例：国务院和地方人民政府依照法律、行政法规的规定，分别代表国家对国家出资企业履行出资人职责，享有出资人权益。

18.2 "按照"一般用于对约定、章程、规定、份额、比例等的表述。

示例1：投保人可以按照合同约定向保险人一次支付全部保险费或者分期支付保险费。

示例2：履行出资人职责的机构应当按照国家有关规定，定期向本级人民政府报告有关国有资产总量、结构、变动、收益等汇总分析的情况。

18.3 "参照"一般用于没有直接纳入法律调整范围，但是又属于该范围逻辑内涵自然延伸的事项。

示例：本法第二条规定的用人单位以外的单位，产生职业病危害的，其职业病防治活动可以参照本法执行。

19. 制定，规定

19.1 表述创设法律、法规等规范性文件时，用"制定"；表述就具体事项作出决定时，用"规定"。

示例1：省、直辖市的人民代表大会和它们的常务委员会，在不同宪法、法律、行政法规相抵触的前提下，可以制定地方性法规，报全国人民代表大会常务委员会备案。

示例2：全国人民代表大会代表名额和代表产生办法由法律规定。

19.2 在表述制定或者规定的语境下，与"规定"、"制定"相近似的用语"确定"、"核定"、"另订"等，今后立法中一般不再使用，统一代之以"规定"、"制定"或者"另行制定"、"另行规定"。

20. 会同，商

20.1 "会同"用于法律主体之间共同作出某种行为的情况。"会同"前面的主体是牵头者，"会同"后面的主体是参与者，双方需协商一致，共同制定、发布规范性文件或者作出其他行为。

示例：具体办法由国务院证券监督管理机构会同有关主管部门制定。

20.2"商"用于前面的主体是事情的主办者，后面的主体是提供意见的一方，在协商的前提下，由前面的主体单独制定并发布规范性文件。

示例：司法鉴定的收费项目和收费标准由国务院司法行政部门商国务院价格主管部门确定。

21. 缴纳，交纳

"交纳"较"缴纳"的含义更广，涵盖面更宽。法律中规定当事人自己向法定机关交付款项时，一般使用"交纳"。但是在规定包含有强制性意思时，可以用"缴纳"。

示例1：当事人进行民事诉讼，应当按照规定交纳案件受理费。财产案件除交纳案件受理费外，并按照规定交纳其他诉讼费用。

示例2：违反本法规定，应当承担民事赔偿责任和缴纳罚款、罚金，其财产不足以同时支付时，先承担民事赔偿责任。

22. 抵销，抵消

"抵消"用于表述两种事物的作用因相反而互相消除，"抵销"用于表述账的冲抵。法律中表述债权债务的相互冲销抵免情形时，用"抵销"，不用"抵消"。

示例：合伙人发生与合伙企业无关的债务，相关债权人不得以其债权抵销其对合伙企业的债务；也不得代位行使合伙人在合伙企业中的权利。

23. 账，帐

表述货币、货物出入的记载、账簿以及债等意思时，用"账"，不用"帐"。

示例：保险代理机构、保险经纪人应当有自己的经营场所，设立专门账簿记载保险代理业务、经纪业务的收支情况。

24. 以上，以下，以内，不满，超过

规范年龄、期限、尺度、重量等数量关系，涉及以上、以下、以内、不满、超过的规定时，"以上、以下、以内"均含本数，"不满、超过"均不含本数。

示例1：盗窃、诈骗、哄抢、抢夺、敲诈勒索或者故意损毁公私财物的，处五日以上十日以下拘留，可以并处五百元以下罚款；情节较重的，处十日以上十五日以下拘留，可以并处一千元以下罚款。

示例2：公安机关对吸毒成瘾人员决定予以强制隔离戒毒的，应当制作强制隔离戒毒决定书，在执行强制隔离戒毒前送达被决定人，并在送达后二十四小时以内通知被决定人的家属、所在单位和户籍所在地公安派出所；被决定人不讲真实姓名、住址，身份不明的，公安机关应当自查清其身份后通知。

示例3：劳动合同期限三个月以上不满一年的，试用期不得超过一个月；劳动合同期限一年以上不满三年的，试用期不得超过二个月；三年以上固定期限和无固定期限的劳动合同，试用期不得超过六个月。

25. 日，工作日

"日"和"工作日"在法律时限中的区别是："日"包含节假日，"工作日"不包含节假日。对于限制公民人身自由或者行使权力可能严重影响公民、法人和其他组织的其他权利的，应当用"日"，不用"工作日"。

示例1：公安机关对被拘留的人，认为需要逮捕的，应当在拘留后的三日以内，提请人民检察院审查批准。在特殊情况下，提请审查批准的时间可以延长一日至四日。

对于流窜作案、多次作案、结伙作案的重大嫌疑分子，提请审查批准的时间可以延长至三十日。

示例2：人民法院对当事人提出的回避申请，应当在申请提出的三日内，以口头或者书面形式作出决定。

附录三：

《立法技术规范（试行）（二）》中的"法律常用词语规范"

二、法律常用词语规范

6. 作出，做出

6.1 "作出"多与决定、解释等词语搭配使用。

示例1：农村土地承包仲裁委员会对回避申请应当及时作出决定，以口头或者书面方式通知当事人，并说明理由。（农村土地承包经营纠纷调解仲裁法第二十九条）

示例2：最高人民法院、最高人民检察院作出的属于审判、检察工作中具体应用法律的解释，应当自公布之日起三十日内报全国人民代表大会常务委员会备案。（监督法第三十一条）

6.2 "做出"多与成绩等名词词语搭配使用。

示例1：对在社会主义建设中做出显著成绩的残疾人，对维护残疾人合法权益、发展残疾人事业、为残疾人服务做出显著成绩的单位和个人，各级人民政府和有关部门给予表彰和奖励。（残疾人保障法第十三条）

示例2：国务院和沿海地方各级人民政府应当加强对海岛保护的宣传教育工作，增强公民的海岛保护意识，并对在海岛保护以及有关科学研究工作中做出显著成绩的单位和个人予以奖励。（海岛保护法第七条）

7. 公布，发布，公告

7.1 "公布"用于公布法律、行政法规、结果、标准等。

示例1：本法自公布之日起施行。（村民委员会组织法第四十一条）

示例2：统计调查项目的审批机关应当对调查项目的必要性、可行性、科学性进行审查，对符合法定条件的，作出予以批准的书面决定，并公布；对不符合法定条件的，作出不予批准的书面决定，并说明理由。（统计法第十三条）

示例3：食品安全国家标准由国务院卫生行政部门负责制定、公布，国务院标准化行政部门提供国家标准编号。（食品安全法第二十一条）

7.2 "发布"用于公开发出新闻、信息、命令、指示等。

示例1：履行统一领导职责或者组织处置突发事件的人民政府，应当按照有关规定统一、准确、及时发布有关突发事件事态发展和应急处置工作的信息。（突发事件应对法第五十三条）

示例2：突发事件发生地的其他单位应当服从人民政府发布的决定、命令，配合人民政府采取的应急处置措施，做好本单位的应急救援工作，并积极组织人员参加所在地的应急救援和处置工作。（突发事件应对法第五十六条第二款）

7.3 "公告"用于向公众发出告知事项。

示例1：遇有大型群众性活动、大范围施工等情况，需要采取限制交通的措施，或者作出与公众的道路交通活动直接有关的决定，应当提前向社会公告。（道路交通安全法第三十九条）

示例2：专利复审委员会对宣告专利权无效的请求应当及时审查和作出决定，并通知请求人和专利权人。宣告专利权无效的决定，由国务院专利行政部门登记和公告。（专利法第四十六条）

8. 违法，非法

8.1 "违法"一般用于违反法律强制性规范的行为。

示例1：被检查单位或者个人拒不停止违法行为，造成严重水土流失的，报经水行政主管部门批准，可以查封、扣押实施违法行为的工具及施工机械、设备等。（水土保持法第四十三条）

示例2：村民委员会不及时公布应当公布的事项或者公布的事项不真实的，村民有权向乡、民族乡、镇的人民政府或者县级人民政府及其有关主管部门反映，有关人民政府或者主管部门应当负责调查核实，责令依法公布；经查证确有违法行为的，有关人员应当依法承担责任。（村民委员

会组织法第三十一条）

8.2 "非法"通常情况下也是违法，但主要强调缺乏法律依据的行为。

示例1：任何组织和个人不得侵占、挪用义务教育经费，不得向学校非法收取或者摊派费用。（义务教育法第四十九条）

示例2：非法占有高度危险物造成他人损害的，由非法占有人承担侵权责任。所有人、管理人不能证明对防止他人非法占有尽到高度注意义务的，与非法占有人承担连带责任。（侵权责任法第七十五条）

9. 设定，设立

"设定"和"设立"都可以用于权利、义务、条件等的设置。"设立"还可以用于成立或者开办组织、机构、项目等。

示例1：行政机关和法律、法规授权的具有管理公共事务职能的组织不得滥用行政权力，以设定歧视性资质要求、评审标准或者不依法发布信息等方式，排斥或者限制外地经营者参加本地的招标投标活动。（反垄断法第三十四条）

示例2：不动产物权的设立、变更、转让和消灭，应当依照法律规定登记。动产物权的设立和转让，应当依照法律规定交付。（物权法第六条）

示例3：国务院设立食品安全委员会，其工作职责由国务院规定。（食品安全法第四条）

示例4：国务院和县级以上地方人民政府根据实际需要，设立专项资金，扶持农村地区、民族地区实施义务教育。（义务教育法第四十七条）

10. 执业人员，从业人员

10.1 "执业人员"用于表述符合法律规定的条件，依法取得相应执业证书，并从事为社会公众提供服务的人员。

示例1：本法所称律师，是指依法取得律师执业证书，接受委托或者指定，为当事人提供法律服务的执业人员。（律师法第二条）

示例2：注册会计师是依法取得注册会计师证书并接受委托从事审计和会计咨询、会计服务业务的执业人员。（注册会计师法第二条）

10.2 "从业人员"用于表述在一般性行业就业的人员。

示例1：无雇工的个体工商户、未在用人单位参加基本养老保险的非

全日制从业人员以及其他灵活就业人员可以参加基本养老保险，由个人缴纳基本养老保险费。（社会保险法第十条第二款）

示例2：从业人员有依法接受职业培训和继续教育的权利和义务。（教育法第四十条第一款）

11. 批准，核准

11.1 "批准"用于有权机关依据法定权限和法定条件，对当事人提出的申请、呈报的事项等进行审查，并决定是否予以准许。

示例1：进行下列施工作业，施工单位应当向管道所在地县级人民政府主管管道保护工作的部门提出申请：……

县级人民政府主管管道保护工作的部门接到申请后，应当组织施工单位与管道企业协商确定施工作业方案，并签订安全防护协议；协商不成的，主管管道保护工作的部门应当组织进行安全评审，作出是否批准作业的决定。（石油天然气管道保护法第三十五条）

示例2：从事考古发掘的单位，为了科学研究进行考古发掘，应当提出发掘计划，报国务院文物行政部门批准；对全国重点文物保护单位的考古发掘计划，应当经国务院文物行政部门审核后报国务院批准。（文物保护法第二十八条）

11.2 "核准"用于有权机关依据法定权限和法定条件进行审核，对符合法定条件的予以准许。

示例1：公开发行证券，必须符合法律、行政法规规定的条件，并依法报经国务院证券监督管理机构或者国务院授权的部门核准；未经依法核准，任何单位和个人不得公开发行证券。（证券法第十条）

示例2：公证机构的负责人应当在有三年以上执业经历的公证员中推选产生，由所在地的司法行政部门核准，报省、自治区、直辖市人民政府司法行政部门备案。（公证法第十条）

12. 注销，吊销，撤销

12.1 "注销"用于因一些法定事实出现而导致的取消登记在册的事项或者已经批准的行政许可等。

示例1：建设用地使用权消灭的，出让人应当及时办理注销登记。（物

权法第一百五十条)

示例2：有下列情形之一的，行政机关应当依法办理有关行政许可的注销手续：

（一）行政许可有效期届满未延续的；

（二）赋予公民特定资格的行政许可，该公民死亡或者丧失行为能力的；

（三）法人或者其他组织依法终止的；

（四）行政许可依法被撤销、撤回，或者行政许可证件依法被吊销的；

（五）因不可抗力导致行政许可事项无法实施的；

（六）法律、法规规定的应当注销行政许可的其他情形。（行政许可法第七十条）

12.2 "吊销"作为一种行政处罚，用于有权机关针对违法行为，通过注销证件或者公开废止证件效力的方式，取消违法者先前已经取得的许可证件。

示例1：邮政企业、快递企业不建立或者不执行收件验视制度，或者违反法律、行政法规以及国务院和国务院有关部门关于禁止寄递或者限制寄递物品的规定收寄邮件、快件的，对邮政企业直接负责的主管人员和其他直接责任人员给予处分；对快递企业，邮政管理部门可以责令停业整顿直至吊销其快递业务经营许可证。（邮政法第七十五条）

示例2：城乡规划编制单位取得资质证书后，不再符合相应的资质条件的，由原发证机关责令限期改正；逾期不改正的，降低资质等级或者吊销资质证书。（城乡规划法第六十三条）

12.3 "撤销"用于有权机关取消依法不应颁发的行政许可或者发出的文件、设立的组织机构，也可以用于取消资质、资格等。

示例1：城乡规划主管部门违反本法规定作出行政许可的，上级人民政府城乡规划主管部门有权责令其撤销或者直接撤销该行政许可。（城乡规划法第五十七条）

示例2：违反本法规定，食品检验机构、食品检验人员出具虚假检验报告的，由授予其资质的主管部门或者机构撤销该检验机构的检验资格；

依法对检验机构直接负责的主管人员和食品检验人员给予撤职或者开除的处分。（食品安全法第九十三条第一款）

13. 根据，依据

13.1　引用宪法、法律作为立法依据时，用"根据"。

示例1：为了加强国防建设，完善国防动员制度，保障国防动员工作的顺利进行，维护国家的主权、统一、领土完整和安全，根据宪法，制定本法。（国防动员法第一条）

示例2：省、自治区、直辖市的人民代表大会常务委员会根据本法，结合本行政区域的实际情况，制定实施办法。（村民委员会组织法第四十条）

13.2　适用其他法律或者本法的其他条款时，用"依据"。

示例1：提供的统计资料不能满足需要时，国防动员委员会办事机构可以依据《中华人民共和国统计法》和国家有关规定组织开展国防动员潜力专项统计调查。（国防动员法第十九条）

示例2：对反垄断执法机构依据本法第二十八条、第二十九条作出的决定不服的，可以先依法申请行政复议；对行政复议决定不服的，可以依法提起行政诉讼。（反垄断法第五十三条）

14. 谋取，牟取

"谋取"是中性词，可以谋取合法利益，也可以谋取非法利益。"牟取"是贬义词，表示通过违法行为追求利益。

示例1：学校以向学生推销或者变相推销商品、服务等方式谋取利益的，由县级人民政府教育行政部门给予通报批评；有违法所得的，没收违法所得；对直接负责的主管人员和其他直接责任人员依法给予处分。（义务教育法第五十六条第二款）

示例2：采购代理机构不得以向采购人行贿或者采取其他不正当手段谋取非法利益。（政府采购法第二十五条第三款）

示例3：人民调解员在调解工作中有下列行为之一的，由其所在的人民调解委员会给予批评教育、责令改正，情节严重的，由推选或者聘任单位予以罢免或者解聘：……（三）索取、收受财物或者牟取其他不正当利

益的；……（人民调解法第十五条）

示例4：国务院证券监督管理机构工作人员应当忠于职守，依法办事，公正廉洁，接受监督，不得利用职务牟取私利。（证券投资基金法第七十九条）

参考文献

著作类：

1. 孙懿华，周广然. 法律语言学. 中国政法大学出版社，1997.

2. 王洁. 法律语言学教程. 法律出版社，1997.

3. 刘红婴. 法律语言学. 北京大学出版社，2007.

4. 宋北平. 法律语言. 中国政法大学出版社，2012.

5. 李振宇. 法律语言学新说. 中国检察出版社，2006.

6. 潘庆云. 法律语言学. 中国政法大学出版社，2017.

7. ［美］约翰·吉本斯. 法律语言学导论. 程朝阳，等译. 法律出版社，2007.

8. ［美］桑德福·尚恩. 语言与法律. 沙丽金，等译. 知识产权出版社，2016.

9. 蔡炎斌. 公安学基础理论. 中国人民公安大学出版社，2021.

10. 王利斌. 新编公安学基础理论. 中国人民公安大学出版社，2015.

11. 殷相印. 警察言语修辞研究. 东南大学出版社，2012.

12. 张成敏. 警察言语交际学导论. 群众出版社，2000.

13. 胡壮麟. 语言学教程. 北京大学出版社，2002.

14. 高名凯. 语言论. 商务印书馆，1995.

15. 何自然. 语用学概论. 湖南教育出版社，1995.

16. ［法］比杰利雅克，布雷顿. 从言语到语言. 于秀英译. 上海书店出版社，2004.

17. 张国良. 传播学原理（第二版）. 复旦大学出版社，2014.

18. 周芸，崔梅. 语言传播学. 北京大学出版社，2015.

19. 苏新春. 文化语言学教程. 外语教学与研究出版社，2009.

20. 冯波. 传媒社会学. 北京师范大学出版社，2015.

21. 武和平 . 打开天窗说亮话——新闻发言人眼中的突发事件 . 人民出版社，2012.

22. 秦露 . 互联网时代如何执政为官 . 党建读物出版社，2012.

23. 全国干部培训教材编审委员会 . 公共事件中媒体运用和舆情应对 . 人民出版社，党建读物出版社，2011.

论文类：

1. 范晓 . 语言、言语和话语 . 汉语学习，1994（2）.

2. 范晓 . 关于语言与思维的关系及其相关问题 . 语言科学，2003（6）.

3. 张宽 . 话语 . 读书，1995（5）.

4. 谭斌 . 试论"话语"一词的含义 . 兰州大学学报（社会科学版），2002（1）.

5. 莫勇波 . 话语权的政治意涵 . 中共中央党校学报，2008（4）.

6. 朱慧敏 . 语言哲学视野中的言语行为理论发展评述 . 山东社会科学，2009（3）.

7. 吴延平 . 奥斯汀和塞尔的言语行为理论探究 . 吉林师范大学学报（人文社会科学版），2007（4）.

8. 郑成良 . 法治理念与法律思维 . 吉林大学社会科学学报，2000（4）.

9. 袁传有 . 由美、英、中警察告知语言分析看中国警察告知体系的建构 . 修辞学习，2005（1）.

10. 林喜芬 . 论侦查程序中的权利告知及其法律效力 . 中国刑事法杂志，2008（11）.

11. 王占军 . 警察权威论 . 中国人民公安大学学报（社会科学版），2008（3）.

12. 程琳 . 民警执法权威受损问题探究 . 公安研究，2013（6）.

13. 宋全成 . 论自媒体的特征、挑战及其综合管制问题 . 南京社会科学，2015（3）.

14. 刘宏丽，马艳玲 . 论警民话语冲突预防体系的建构 . 山东警察学院学报，2017（2）.

15. 宫志刚，乔桐．重建信任：自媒体视域下警察话语权的重塑．中国人民公安大学学报（社会科学版），2018（4）.

16. 李琼．依法治国视域中警察权威的立体化重塑．社会主义研究，2018（6）.

17. 侯淑雯．制定"立法标准法"的必要性、可行性及原则．地方立法研究，2018（5）.

18. 于龙刚．群众话语如何"塑造"警察执法．求索，2020（1）.

19. 潘艳艳．国内执法语言研究综论．江苏警官学院学报，2020（5）.

20. 沈正赋．突发公共事件的危机管理、舆情应对和共情传播．社会科学文摘，2020（3）.

21. 苏剑，于群．国境外警察招录面试及其启示．公安教育，2021（4）.

22. 张清．我国当代法律语言学研究综述．天津外国语大学学报，2021（3）.